LA VIDA DE LAS ABEJAS

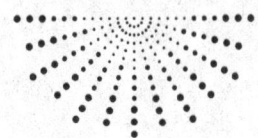

MAURICE MAETERLINCK

Traducido por
PEDRO DE TORNAMIRA

ÍNDICE

LIBRO PRIMERO : EN EL UMBRAL DE LA COLMENA

Capítulo 1	3
Capítulo 2	6
Capítulo 3	9
Capítulo 4	11
Capítulo 5	13
Capítulo 6	16

LIBRO SEGUNDO : EL ENJAMBRE

Capítulo 1	21
Capítulo 2	23
Capítulo 3	26
Capítulo 4	28
Capítulo 5	30
Capítulo 6	32
Capítulo 7	34
Capítulo 8	35
Capítulo 9	36
Capítulo 10	38
Capítulo 11	39
Capítulo 12	41
Capítulo 13	43
Capítulo 14	44
Capítulo 15	45
Capítulo 16	46
Capítulo 17	48
Capítulo 18	51
Capítulo 19	53
Capítulo 20	54
Capítulo 21	56
Capítulo 22	58
Capítulo 23	60

Capítulo 24   62
Capítulo 25   64
Capítulo 26   66
Capítulo 27   68
Capítulo 28   70
Capítulo 29   73
Capítulo 30   75
Capítulo 31   77

LIBRO TERCERO : LA FUNDACIÓN DE LA COLMENA

Capítulo 1   81
Capítulo 2   84
Capítulo 3   86
Capítulo 4   88
Capítulo 5   90
Capítulo 6   93
Capítulo 7   95
Capítulo 8   97
Capítulo 9   100
Capítulo 10   103
Capítulo 11   106
Capítulo 12   108
Capítulo 13   109
Capítulo 14   111
Capítulo 15   112
Capítulo 16   114
Capítulo 17   116
Capítulo 18   118
Capítulo 19   120
Capítulo 20   121
Capítulo 21   124
Capítulo 22   126
Capítulo 23   128
Capítulo 24   131
Capítulo 25   133

LIBRO CUARTO : LAS REINAS JÓVENES

Capítulo 1	139
Capítulo 2	141
Capítulo 3	144
Capítulo 4	146
Capítulo 5	148
Capítulo 6	149
Capítulo 7	151
Capítulo 8	153
Capítulo 9	155
Capítulo 10	156
Capítulo 11	158
Capítulo 12	159
Capítulo 13	162
Capítulo 14	164
Capítulo 15	166
Capítulo 16	168
Capítulo 17	171
Capítulo 18	173

LIBRO QUINTO : EL VUELO NUPCIAL

Capítulo 1	177
Capítulo 2	179
Capítulo 3	181
Capítulo 4	183
Capítulo 5	185
Capítulo 6	188
Capítulo 7	191
Capítulo 8	193
Capítulo 9	195
Capítulo 10	197
Capítulo 11	199
Capítulo 12	201

LIBRO SEXTO : LA MATANZA DE LOS ZÁNGANOS

Capítulo 1	207
Capítulo 2	209
Capítulo 3	211

LIBRO SÉPTIMO : EL PROGRESO DE LA ESPECIE

Capítulo 1	217
Capítulo 2	220
Capítulo 3	221
Capítulo 4	223
Capítulo 5	225
Capítulo 6	227
Capítulo 7	229
Capítulo 8	232
Capítulo 9	234
Capítulo 10	236
Capítulo 11	238
Capítulo 12	240
Capítulo 13	242
Capítulo 14	245
Capítulo 15	247
Capítulo 16	249
Capítulo 17	251
Capítulo 18	253
Capítulo 19	254

BIBLIOGRAFÍA 257

LIBRO PRIMERO : EN EL UMBRAL DE LA COLMENA

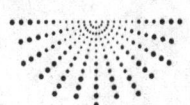

CAPÍTULO UNO

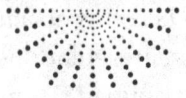

No tengo la intención de escribir un tratado de apicultura o de cría de abejas. Todos los países civilizados los poseen excelentes y es inútil rehacerlos. Francia tiene los de Dadant, Jorge de Layens y Bonnier, los de Bertrand, Hamet, Weber y Clement, el del abate Collin y otros. Los países de lengua inglesa tienen a Langstroth, Bevan, Cook, Cheshire, Cowan, Root y sus discípulos. Alemania tiene a Dzierzon, Van Berlepsch, Pollmann, Vogel y otros muchos.

Tampoco se trata de una monografía científica del *apis mellífica, ligustica, fasciata*, etcétera, ni de una colección de observaciones o estudios nuevos. No diré casi nada que no conozcan todos los que han observado un poco las abejas. A fin de que este trabajo no resulte pesado, he reservado para una obra más técnica cierto número de experiencias y observaciones hechas durante mis veinte años de apicultura y que son de un interés demasiado limitado y demasiado especial.

Quiero hablar simplemente de las «blondas avecillas» de Ronsard, como se habla, a los que no lo conocen, de un objeto conocido y amado. No cuento engalanar la verdad ni sustituir, según el justo reproche que Réaumur hizo a los que antes que él se habían ocupado de nuestras colmenas, una maravilla real por una maravilla complaciente e imaginaria. Si hay mucho de maravilloso en la colmena, no es una razón para aumentarlo. Por lo demás, hace mucho tiempo que renuncié a buscar en este mundo una maravilla más interesante y más bella que la verdad o al menos el esfuerzo que hace el hombre para conocerla.

No nos empeñemos en encontrar la grandeza de la vida en las cosas inciertas. Todas las cosas muy ciertas son muy grandes y hasta ahora no hemos dado la vuelta a ninguna de ellas. No afirmaré, pues, nada que no haya probado yo mismo o que no sea tan admitido por los clásicos de la apidología que toda comprobación resulte ociosa.

Mi parte se limitará a representar los hechos de la forma más exacta, aunque un poco más animada, a mezclarlos con algunas reflexiones más extensas y más libres, a agruparlos de una manera algo más armoniosa de lo que puede hacerse en una guía, en un manual práctico o en una monografía científica.

El que haya leído este libro no se hallará en condiciones de dirigir una colmena, pero conocerá casi todo lo que se sabe de cierto, curioso, profundo e íntimo sobre sus habitantes. No es mucho comparado con lo que falta aprender. Omitiré todas las tradiciones erróneas que aún forman en el campo y en muchas obras la fábula de las abejas. Cuando haya duda, desacuerdo, hipótesis, cuando llegue a lo desconocido, lo declararé lealmente. Ya veréis cómo nos detenemos a menudo en presencia de lo desconocido. Aparte de los grandes actos sensibles de su policía y su actividad, nada muy preciso se sabe sobre las fabulosas hijas de Aristeo. A medida que se las cultiva, se aprende a ignorar más las profundidades de su vida real, pero es un modo de ignorar mejor que la ignorancia inconsciente y satisfecha que constituye el fondo de nuestra ciencia de la vida, y esto es probablemente todo lo que el hombre puede jactarse de aprender en este mundo.

¿Existe algún trabajo análogo sobre la abeja? Para mí, aunque creo haber leído casi todo lo que se ha escrito sobre ella, no conozco, en este género, sino el capítulo que le reserva Michelet al final de *El insecto* y el ensayo que le consagra Ludwig Büchner, el célebre autor de *Fuerza y materia, Geistes Leben der Thiere*[1]. Michelet apenas desfloró el asunto; en Büchner, su estudio es bastante completo, pero al leer las afirmaciones aventuradas, los rasgos legendarios, las referencias de antiguo desechadas que él cita, sospecho que no salió de su biblioteca para interrogar a sus heroínas y que nunca abrió ninguna colmena de las de los centenares, tumultuosas y como inflamadas de alas, que es necesario violar antes de que nuestro instinto concuerde con su secreto, antes de impregnarnos de la atmósfera, del perfume, del espíritu, del misterio de las vírgenes laboriosas. Eso no huele a miel ni a abeja, y tiene el defecto de muchos de nuestros libros de sabiduría, cuyas conclusiones son con frecuencia preconcebidas y cuyo aparato científico está formado de una enorme acumulación de anécdotas inciertas y tomadas de todas partes. Por lo demás, me encontraré raramente con él en mi trabajo, porque nuestros puntos de partida, nuestros puntos de vista y nuestros fines son muy diferentes.

---

1. Podríamos citar, además, la monografía de Kirby y Spence en su *Introduction to Entomology*, pero es casi exclusivamente técnica.

CAPÍTULO DOS

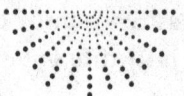

La bibliografía de la abeja (empecemos por los libros a fin de desembarazarnos de ellos lo más pronto posible e ir a la fuente misma de esos libros) es de las más extensas. Desde un principio, ese pequeño ser extraño, que vive en sociedad, bajo leyes complicadas, y ejecuta en la sombra trabajos prodigiosos, llamó la curiosidad del hombre. Aristóteles, Catón, Varrón, Plinio, Columela, Paladio, se ocuparon de las abejas, sin hablar del filósofo Aristómaco, que, al decir de Plinio, las observó durante cincuenta años; ni de Filisco de Thasos, que vivió en sitios desiertos para no ver sino a ellas, y fue apellidado *el Salvaje*. Pero esto es más bien la leyenda de la abeja, y lo que de ella puede sacarse, es decir, casi nada, se halla resumido en el cuarto canto de las *Geórgicas*, de Virgilio.

Su historia no empieza hasta el siglo XVII con los descubrimientos del gran sabio holandés Swammerdam. Sin embargo, conviene añadir este detalle poco conocido: antes de Swammerdam, un naturalista flamenco, Clutius, había afirmado, entre otras verdades importantes, que la reina es la madre única de todo su pueblo y que posee los atributos de ambos sexos, pero no las había probado. Swammerdam inventó los verdaderos métodos de observación científica, creó el microscopio, imaginó las inyecciones conservadoras, fue el primero que disecó las abejas, precisó definitivamente, con el descubrimiento de los ovarios y del oviducto, el sexo de la reina, que hasta entonces se había tenido por rey, y arrojó de una vez inesperada luz sobre toda la política de la colmena, fundándola sobre la maternidad. En fin, trazó cortes y dibujó láminas tan perfectas que aún hoy sirven para ilustrar más de un tratado de apicultura. Vivía en el bullicioso y turbio Amsterdam de entonces, echando de menos «la dulce vida del campo», y murió a los cuarenta y tres años, extenuado de trabajo. En un estilo piadoso y preciso, en que sencillos y hermosos arranques de una fe que teme vacilar lo convierten todo en gloria del Creador, consignó sus observaciones en su gran obra *Bybel der Nature*, que el doctor Boerhave, un siglo después, hizo traducir del neerlandés al latín con el título de *Biblia naturae* (Leide, 1737).

Vino después Réaumur, quien, fiel a los mismos métodos, hizo una multitud de experiencias y de observaciones curiosas en sus jardines de Charenton y dedicó a las abejas un volumen entero de sus *Mémoires pour servir à l'histoire des insectes*. Se le puede leer con fruto y sin fastidio. Es claro, directo, sincero y no desprovisto de cierto encanto un poco áspero y un poco seco. Dedicóse sobre todo a destruir muchos errores inveterados, difundió algunos nuevos, aclaró en parte la información de los enjambres, el régimen político de las reinas; encontró, en una palabra, varias verdades difíciles, y puso sobre la pista de muchas otras. Consagró, de ciencia propia, las maravillas de la arquitectura de la colmena y todo lo que de ella dice nadie lo ha dicho mejor. Se le debe también la idea de las colmenas con cristales, que, perfeccionadas después, han puesto al descubierto toda la vida privada de esas ariscas operarias que empiezan su obra a la resplandeciente luz del sol, pero que no la coronan sino en las tinieblas. Para ser completo, debería citar, además, las investigaciones y trabajos, algo posteriores, de Carlos Bonnet y de Schirach (que resolvió el enigma del huevo real); pero me limito a las grandes líneas y llego a Francisco Huber, el maestro y el clásico de la ciencia apícola de hoy.

Huber, nacido en Ginebra en 1750, perdió la vista en su primera juventud. Interesado desde luego por las experiencias de Réaumur, que él quería comprobar, no tardó en apasionarse por aquellas investigaciones y, con ayuda de un criado inteligente y fiel, Francisco Burnens, consagró su vida entera al estudio de la abeja. En los anales del sufrimiento y de las victorias humanas, nada más conmovedor y lleno de buenos consejos que la historia de esa paciente colaboración en que el uno, que no poseía más que una luz inmaterial, guiaba con su espíritu las manos y los ojos del otro, que gozaba de la luz real; en que aquel que, según se asegura, nunca había visto con sus propios ojos un panal de miel, a través del velo de sus ojos muertos que doblaba para él el otro velo con que la Naturaleza lo envuelve todo, sorprendía los secretos más profundos del genio que formaba ese panal de miel invisible, como para enseñarnos que no hay estado en que debamos renunciar a la esperanza y a buscar la verdad. No enumeraré lo que la ciencia apícola debe a Huber; más fácil me sería demostrar lo que no le debe. Sus *Nuevas observaciones sobre las abejas*, cuyo primer volumen fue escrito en 1789 en forma de cartas a Carlos Bonnet, no apareciendo el segundo hasta veinte años después, son el tesoro abundante y seguro de que se sirven los apidólogos. Cierto es que en él se encuentran algunos errores, algunas verdades imperfectas; desde la composición de su libro se ha añadido mucho a la micrografía, a la cultura práctica de las abejas, al manejo de las reinas, etcétera; pero no se ha podido desmentir o hallar errónea una sola de sus observaciones principales, que permanecen intactas en nuestra experiencia actual y en su base.

CAPÍTULO TRES

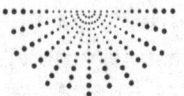

Después de las revelaciones de Huber siguen algunos años de silencio; pero bien pronto Dzierzon, cura de Carlsmark (en Silesia), descubre la partenogénesis, es decir, la parturición virginal de las reinas, e imagina la primera colmena de panales móviles, gracias a la cual el apicultor podrá en lo sucesivo coger su parte de la cosecha de miel sin matar sus mejores colonias y sin destruir en un instante el trabajo de todo un año. Esa colmena, todavía imperfecta, es magistralmente perfeccionada por Langstroth, que inventó el cuadro móvil propiamente dicho, propagado en América con extraordinario éxito. Root, Quinby, Dadant, Cheshire, Layens, Cowan, Heddon, Howard, etcétera, introducen en ella algunas mejoras preciosas; Mehring, para ahorrar a las abejas la elaboración de la cera y construcción de almacenes que les cuestan mucha miel y lo mejor de su tiempo, concibe la idea de ofrecerles panales de cera mecánicamente alveolados, que ellas aceptan en seguida y apropian a sus necesidades. Hruschka inventa el *Smelatore*, que, mediante la fuerza centrífuga, permite extraer la miel sin romper los panales, etcétera. En pocos años, la rutina de la apicultura queda rota. La capacidad y la fecundidad de las colmenas se triplica. En todas partes se fundan vastos y productivos colmenares. A partir de este momento tienen fin el inútil exterminio de las colmenas más laboriosas y la odiosa selección al revés que aquél tenía por consecuencia. El hombre se hace verdaderamente amo de las abejas, amo furtivo e ignorado, que todo lo dirige sin dar órdenes y es obedecido sin que le reconozcan. Sustituye a los destinos de las estaciones. Repara las injusticias del año. Reúne las repúblicas enemigas. Iguala las riquezas. Aumenta o restringe los nacimientos. Regula la fecundidad de la reina. La destrona y la reemplaza después de un consentimiento difícil que su habilidad obtiene por fuerza de un pueblo que se azora a la sospecha de una intervención inconcebible. Viola pacíficamente, cuando lo juzga útil, el secreto de las cámaras sagradas y toda la política astuta y previsora del gineceo real. Quita cinco o seis veces seguidas el fruto de su trabajo a las hermanas del buen convento infatigable, sin lastimarlas, sin desalentarlas y sin empobrecerlas. Proporciona los depósitos y graneros de sus moradas con la cosecha de flores que la primavera esparce, en su desigual apresuramiento, por las laderas de las colinas. Las obliga a reducir el número fastuoso de los amantes que esperan el nacimiento de las princesas. En una palabra, hace lo que quiere y obtiene de ellas lo que desea, con tal que no pida nada contrario a sus virtudes ni a su leyes, porque, a través de la voluntad del inesperado dios que se ha hecho dueño de ellas —demasiado vasto para ser discernido y demasiado ajeno para que lo comprendan—, miran más lejos de lo que mira ese mismo dios y no piensan sino en cumplir, con una abnegación firmísima, el deber misterioso de su raza.

CAPÍTULO CUATRO

Ahora que los libros nos han dicho lo que tenían que decirnos de esencial sobre una historia muy antigua, dejemos la ciencia adquirida por los otros para ir a ver con nuestros propios ojos las abejas. Una hora pasada en medio del colmenar nos enseñará cosas quizá menos precisas, pero infinitamente más vivas y fecundas.

Aún recuerdo el primer colmenar que vi y en que aprendí a querer a las abejas. Era, hace ya muchos años, en un pueblo de esa Flandes zelandesa, tan limpia y tan graciosa, la cual, más que la misma Zelandia, cóncavo espejo de Holanda, ha concentrado la afición a los colores vivos y acaricia con los ojos, como hermosos y graves juguetes, los remates de sus fachadas puntiagudas, sus torres y sus carros pintados, sus armarios y relojes que relucen en el fondo de los corredores, sus pequeños árboles alineados a lo largo de los malecones y de los canales en espera, al parecer, de una ceremonia benéfica y cándida, sus barcas de proas recargadas de adornos, sus puertas y ventanas que semejan flores, sus esclusas irreprochables, sus puentes levadizos minuciosos y versicolores, sus casitas barnizadas como cacharrería armoniosa y brillante, de donde salen mujeres en forma de campanas y llenas de adornos de oro y plata para ir a ordeñar vacas en prados rodeados de barreras blancas, o a tender ropa sobre la alfombra recortada en óvalos o en rombos y meticulosamente verde, de floridos céspedes.

Una especie de viejo sabio, bastante parecido al anciano de Virgilio, «hombre igual a los reyes, parecido a los dioses, satisfecho y tranquilo como estos últimos», como hubiera dicho La Fontaine, se había retirado allí, donde la vida parecería más estrecha que en las otras partes, si realmente fuese posible estrechar la vida. Había constituido allí su refugio, no hastiado —porque el sabio no conoce los grandes hastíos—, sino un poco cansado de interrogar a los hombres, que responden menos simplemente que los animales y las plantas a las únicas preguntas interesantes que pueden hacerse a la Naturaleza y a las leyes verdaderas. Toda su dicha, como la del filósofo escita, consistía en sacar el aguijón. No reconocen a su amo, como se ha dicho; no tienen miedo del hombre; pero al olor del humo, a los gestos lentos que recorren su morada sin amenazarlas, se imaginan que no se trata de un ataque o de un gran enemigo contra el cual es posible defenderse, sino de una fuerza o de una catástrofe natural a la cual conviene someterse. En vez de luchar en vano, y llenas de una previsión que se equivoca porque mira demasiado lejos, quieren al menos salvar el porvenir, y se arrojan sobre las reservas de miel para tomar toda la posible y ocultar sobre sí la necesaria para fundar en cualquier otra parte y en seguida una nueva colmena, si la antigua es destruida o se ven obligadas a abandonarla.

CAPÍTULO CINCO

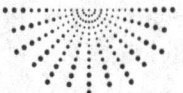

El profano ante quien se abre una colmena de observación[1] queda al pronto bastante desilusionado. Le habían afirmado que aquel cofrecito de cristal encerraba una actividad sin ejemplo, un número infinito de leyes sabias, una asombrosa suma de genio, de misterios, de experiencia, de cálculos, de ciencias, de industrias diversas, de previsiones, de certezas, de costumbres inteligentes, de sentimientos y de virtudes extrañas, y no descubre en ella más que una aglomeración confusa de pequeñas bayas rojizas, bastante parecidas a granos de café tostado, o a pasas aglomeradas contra los cristales, más muertas que vivas, sacudidas por movimientos lentos, incoherentes e incomprensibles. No reconoce las admirables gotas de luz que poco antes se vertían y saltaban sin cesar en el aliento animado, lleno de perlas de oro, de mil cálices abiertos.

Esos pobres seres tiritan en las tinieblas; se ahogan en medio de una multitud transida; parecen prisioneras enfermas o reinas destronadas que no tuvieron más que un segundo de esplendor entre las iluminadas flores del jardín, para regresar en seguida a la vergonzosa miseria de su triste morada obstruida.

Sucede con ellas lo que con todas las realidades profundas. Hay que aprender a observarlas. Un habitante de otro planeta que viese a los hombres ir y venir casi insensiblemente por las calles, aglomerarse en torno de ciertos edificios o ciertas plazas, esperar no se sabe qué, sin movimiento aparente, en el fondo de sus moradas, deduciría también que son inertes y miserables. Sólo a la larga se distingue la múltiple actividad de esa inercia.

En verdad, cada una de esas pequeñas bayas casi inmóviles trabaja sin descanso y ejerce un oficio diferente. Ninguna de ellas conoce el reposo, y las que, por ejemplo, parecen las más dormidas y penden de los cristales en racimos muertos, tienen la tarea más misteriosa y más cansada; ésas forman y segregan la cera. Pero pronto encontraremos el detalle de esa unánime actividad. Por el momento, basta llamar la atención sobre el rasgo esencial de la naturaleza de la abeja, que explica la extraordinaria acumulación de ese confuso trabajo. La abeja es, ante todo, y aún más que la hormiga, un ser de multitud. No puede vivir sino en aglomeración. Cuando sale de la colmena tan atestada que sólo a topetazos puede abrirse paso a través de las murallas vivientes que la encierran, sale de su elemento propio. Se sumerge un momento en el espacio lleno de flores, como el nadador se sumerge en el océano lleno de perlas; pero bajo pena de muerte es preciso que a intervalos regulares vuelva a respirar la multitud, de la misma forma que el nadador sale a respirar el aire. Aislada, provista de víveres abundantes y en la temperatura más favorable, expira al cabo de algunos días, no de hambre ni de frío, sino de soledad. La acumulación, la colmena, exhala para ella un alimento invisible tan indispensable como la miel. A esa necesidad hay que remontarse para fijar el espíritu de las leyes de la colmena.

En la colmena, el individuo no es nada, no tiene más que una existencia condicional, no es más que un momento indiferente, un órgano alado de la especie. Toda su vida es un sacrificio total al ser innumerable y perpetuo de que forma parte. Es curioso observar que no fue siempre así. Aún hoy se encuentran entre los himenópteros melíferos todos los estados de la civilización progresiva de nuestra abeja doméstica. En lo inferior de la escala trabaja sola, en la miseria; a menudo ni siquiera ve su descendencia (los Prosopis, Coletas, etcétera); a veces vive en medio de la estrecha familia anual que crea (los abejorros). Forma luego asociaciones temporales (los Panurgos, los Dosípodos, los Halietos, etcétera), para llegar, finalmente, de grado en grado, a la sociedad, casi perfecta, pero despiadada, de nuestras colmenas, en que el individuo es absorbido por la república y en que la república, a su vez, es regularmente sacrificada a la colectividad abstracta e inmortal del porvenir.

---

1. Llámese *colmena de observación* a una colmena con cristales provista de cortinas negras o moradas. Las mejores no contienen más que un panal, lo cual permite observarlo por ambos lados. Sin peligro y sin inconvenientes pueden instalarse estas colmenas, provistas de una salida exterior, en un salón, una biblioteca, etcétera. Las abejas que habitan la que tengo en París en mi gabinete de trabajo, recogen en el desierto de piedra de la gran ciudad lo necesario para vivir y prosperar.

CAPÍTULO SEIS

No nos apresuremos a sacar de estos hechos conclusiones aplicables al hombre. El hombre tiene la facultad de no someterse a las leyes de la Naturaleza, y el saber si hace bien o mal en usar de esta facultad es el punto más grave y menos dilucidado en su moral. Mas no por eso es menos interesante. Pues bien: en la evolución de los himenópteros, que son, inmediatamente después del hombre, los habitantes del Globo más favorecidos respecto a la inteligencia, esa voluntad parece muy clara. Tiende visiblemente a la mejoración de la especie, pero al mismo tiempo demuestra que no la desea o no puede obtenerla sino a costa de la libertad, de los derechos y el bienestar propios del individuo. A medida que la sociedad se organiza y se eleva, la vida particular de cada uno de sus miembros ve menguar su círculo. Tan pronto como hay progreso en alguna parte no resulta sino del sacrificio cada vez más completo del interés personal al general. Es necesario, desde luego, que cada cual renuncie a vicios que son actos de independencia. Así es que, en el penúltimo grado de la civilización ápica, se encuentran los abejorros, que todavía son parecidos a nuestros antropófagos. Las obreras adultas espían sin cesar en torno de los huevos para devorarlos, y la madre se ve obligada a defenderlos encarnizadamente. Es necesario también que cada cual, después de haberse desprendido de los vicios más peligrosos, adquiera cierto número de virtudes cada vez más penosas. Las obreras de los abejorros, por ejemplo, no piensan en renunciar al amor, mientras que nuestra abeja doméstica vive en perpetua castidad. Pronto veremos, por lo demás, todo lo que abandona a cambio del bienestar, de la seguridad, de la perfección arquitectónica, económica y política de la colmena, y volveremos a ocuparnos de la asombrosa evolución de los himenópteros en el capítulo consagrado al progreso de la especie.

LIBRO SEGUNDO : EL ENJAMBRE

CAPÍTULO UNO

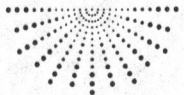

Las abejas de la colmena que hemos elegido han sacudido pues, el entorpecimiento del invierno. La reina ha vuelto a poner huevos desde los primeros días de febrero. Las obreras han visitado las anémonas, las pulmonarias, los juncos, las violetas, los sauces, los avellanos. La primavera ha invadido la tierra; los graneros y las bodegas están abarrotados de miel y polen; cada día nacen millares de abejas. Los machos, gruesos y pesados, salen de sus vastas celdas, recorren los panales, y la aglomeración de seres y cosas llega a ser tal en la colmena demasiado próspera, que, al anochecer, centenares de obreras que regresan tarde de las flores, no encuentran lugar donde alojarse y se ven obligadas a pasar la noche en el umbral, donde el frío las diezma.

Una inquietud sacude todo el pueblo y la vieja reina se agita. Ésta comprende que un nuevo destino se prepara. Ha hecho religiosamente lo que le imponía el deber de buena creadora, y, del deber cumplido, salen ahora la tristeza y la tribulación. Una fuerza invisible amenaza su reposo; pronto va a ser preciso abandonar la ciudad en que reina. Y, sin embargo, esa ciudad es obra suya y es enteramente ella misma.

No es la reina en el sentido en que lo entenderíamos entre los hombres. No da órdenes, sino que se encuentra sometida, como el último de sus súbditos, a ese poder oculto y soberanamente sabio que llamaremos, ínterin procuramos descubrir dónde reside, «el espíritu de la colmena». Pero es la madre y el único órgano del amor de su pueblo. Lo fundó en la incertidumbre y la pobreza. Sin cesar ha repoblado su urbe con su propia sustancia, y todos los que la animan, obreras, machos, larvas, ninfas y las jóvenes princesas cuyo próximo nacimiento va a precipitar su partida y una de las cuales la sucede ya en la mente inmortal de la Especie, han salido de sus entrañas.

CAPÍTULO DOS

«**E**l espíritu de la colmena» ¿dónde está? ¿En quién se encarna? No se parece al instinto particular del pájaro, que sabe construir su nido con habilidad y buscar otros cielos cuando llega el día de la migración. Tampoco es un tipo de costumbre maquinal de la especie, que sólo aspira ciegamente a vivir y tropieza con todos los ángulos del azar tan pronto como una circunstancia imprevista desbarata la serie de los fenómenos habituales. Al contrario, sigue paso a paso las circunstancias todopoderosas, como un esclavo inteligente y ágil que sabe sacar partido de las órdenes más peligrosas de su amo.

Dispone sin piedad, pero con discreción, y como sometido a algún gran deber, de las riquezas, del bienestar, de la libertad, de la vida de todo un pueblo alado. Dispone día por día el número de los nacimientos y lo pone estrictamente en relación con el de las flores que brillan en el campo. Anuncia a la reina su destronamiento o la necesidad de su partida, la obliga a poner a sus rivales en el mundo, cría a éstas regiamente, las protege contra el odio político de su madre, permite o prohíbe, según la generosidad de los cálices multicolores, la edad de la primavera y los peligros probables del vuelo nupcial, que la primogénita de las princesas vírgenes vaya a matar en su cuna a sus jóvenes hermanas que cantan el canto de las reinas. Otras veces, cuando la estación avanza, y las horas floridas son menos largas, para cerrar la era de las revoluciones y adelantar la reanudación del trabajo, ordena a las obreras mismas la matanza de toda la descendencia imperial.

Ese espíritu es prudente y económico, pero no avaro. Conoce, al parecer, las leyes fastuosas y algo locas de la Naturaleza en todo lo tocante al amor. Así es que, durante los abundantes días estivales, tolera —porque la reina que va a nacer elegirá entre ellos su amante— la presencia embarazosa de tres o cuatrocientos zánganos aturdidos, torpes, inútilmente ocupados, pretenciosos, total y escandalosamente ociosos, bulliciosos, glotones, groseros, sucios, insaciables, enormes. Pero, una vez fecundada la reina, una mañana de esos días en que las flores se abren más tarde y se cierran más temprano, el espíritu de la colmena decreta fríamente su degüello general y simultáneo.

El mismo espíritu dispone el trabajo de cada una de las obreras. Según su edad distribuye su tarea a las nodrizas, que cuidan de las larvas y de las ninfas; a las damas de honor, que se ocupan de la reina y no la pierden de vista; a las ventiladoras, que batiendo sus alas renuevan el aire de la colmena y activan la evaporación de la miel demasiado recargada de agua; a las arquitectas, albañiles, cereras y escultoras que hacen la cadena y construyen los panales; a las recolectoras, que van al campo, en busca del néctar de las flores que se convertirá en miel, el polen, que es el alimento de las larvas y de las ninfas; la própolis, que sirve para calafatear y consolidar los edificios de la colmena, y el agua y la sal precisas para la juventud de la nación. Impone su función a las químicas, que aseguran la conservación de la miel instilando en ella mediante su aguijón una gota de ácido fórmico; a las operculosas, que cierran los alvéolos cuyo tesoro está maduro; a las barrenderas, que conservan la limpieza de las calles y de las plazas públicas; a las necróforas que se llevan lejos los cadáveres; a las amazonas, que velan noche y día por la seguridad del umbral, interrogan a las que van y vienen, reconocen a las adolescentes en su primera salida, espantan a los vagabundos, a los rondadores, a los saqueadores, expulsan a los intrusos, atacan en masa a los enemigos temibles y, si es necesario, atrincheran la entrada.

En fin, es «el espíritu de la colmena» el que fija la hora del gran sacrificio anual al genio de la especie —es decir, la enjambrazón—, en que un pueblo entero, llegado al pináculo de su prosperidad y de su poderío, abandona de pronto a la generación futura todas sus riquezas, sus palacios, sus moradas y el fruto de su trabajo, para ir a buscar lejos la incertidumbre y la penuria de una patria nueva. Es un acto que, consciente o no, supera ciertamente a la moral humana. Arruina, a veces, y empobrece, siembra, dispersa con seguridad a la población feliz para obedecer a una ley más alta que la felicidad de la colmena. ¿Dónde se formula esa ley, que, como veremos, dista mucho de ser fatal y ciega como se cree? ¿Dónde, en qué asamblea, en qué consejo, en qué esfera común, reside ese espíritu al que todos se someten, y que está sometido, a su vez, a un deber heroico y a una razón que mira siempre al porvenir?

Sucede con las abejas lo que con la mayor parte de las cosas de este mundo; observamos algunas de sus costumbres, y decimos: «Hacen esto, trabajan de este modo; sus reinas nacen así; sus obreras permanecen vírgenes; enjambran en tal época». Creemos conocerlas, y nos damos por satisfechos. Las miramos ir presurosas de flor en flor; observamos el agitado movimiento de la colmena; esa existencia nos parece muy sencilla y limitada como las otras a los cuidados instintivos de la comida y de la reproducción. Pero si miramos más de cerca, y tratamos de darnos cuenta de lo que entonces vemos, se nos presenta la complejidad espantosa de los fenómenos más naturales, el enigma de la inteligencia, de la voluntad, de los destinos, del fin, de los medios y de las causas, la organización incomprensible del menor acto de la vida.

CAPÍTULO TRES

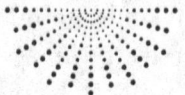

Prepárese, pues, en nuestra colmena la enjambrazón, esa gran inmolación a los exigentes dioses de la raza. Obedeciendo a la orden del «espíritu», que nos parece poco explicable, porque es exactamente contraria a todos los instintos y a todos los sentimientos de nuestra especie, sesenta o setenta mil abejas, de las ochenta o noventa mil de la población total, van a abandonar a la hora prescrita la colmena materna. No partirán en un momento de angustia, no huirán, en una resolución súbita y despavorida, de una patria devastada por el hambre, la guerra o la peste. No; el destierro ha sido largamente meditado y la hora favorable pacientemente esperada. Si la colmena es pobre, puesta a prueba por las desdichas de la familia real, las intemperies, el saqueo, no la abandonan. No la dejan sino en el apogeo de su dicha, cuando, después del asiduo trabajo de la primavera, el inmenso palacio de cera, con sus ciento veinte mil celdas bien ordenadas, rebosa de miel nueva y de esa harina irisada que llaman «el pan de las abejas» y que sirve para alimentar las larvas y las ninfas.

Nunca es tan hermosa la colmena como en vísperas de la renuncia heroica. Es para ella la hora sin igual, animada, algo febril, y sin embargo, serena, de la abundancia y de la alegría completas. Imaginémosla no tal como la ven las abejas, porque no podemos concebir de qué mágica manera se reflejan los fenómenos en las seis o siete mil facetas de sus ojos laterales y en el triple ojo ciclópeo de su frente, sino tal como la veríamos si fuésemos de su tamaño.

De lo alto de una cúpula más colosal que la de San Pedro, de Roma, bajan hasta el suelo, verticales, múltiples y paralelos, gigantescos muros de cera, construcciones geométricas, suspendidas en las tinieblas y el vacío, y que, proporcionalmente, por la precisión, osadía y enormidad, no se pueden comparar con ninguna construcción humana.

Cada uno de esos muros, cuya sustancia es aún fresca, virginal, plateada, odorífera, está formado de millones de celdas y contiene víveres suficientes para alimentar a la población entera durante varias semanas. Aquí se ven las manchas brillantes, rojas, amarillas, rosadas y negras del polen, fermentos de amor de todas las flores de la primavera, en los transparentes alvéolos. Alrededor, en largas y fastuosas colgaduras de oro, de pliegues rígidos e inmóviles, la miel de abril, la más límpida y perfumada, descansa ya en sus veinte mil depósitos, cerrados con un sello que no será violado sino en días de suprema penuria. Más arriba, la miel de mayo madura aún en sus cubas abiertas, al borde de las cuales vigilantes cohortes mantienen una continua corriente de aire. En el centro, y lejos de la luz cuyos diamantinos rayos penetran por la única abertura, en la parte más cálida de la colmena, dormita y despierta el porvenir. Es el real dominio de los alvéolos reservados a la reina y a sus acólitos: unas diez mil moradas en que descansan los huevos, quince o dieciséis mil cámaras ocupadas por las larvas, cuarenta mil casas habitadas por ninfas blancas cuidadas por millares de nodrizas[1]. Por último, en el *sancta sanctorum* de esos limbos, los tres, cuatro, seis o doce palacios cerrados, proporcionalmente muy vastos, de las princesas adolescentes, que esperan su hora, envueltas en una especie de sudario, inmóviles y pálidas, como alimentadas en las tinieblas.

---

1. Las cifras que aquí damos, rigurosamente exactas, son las de una colmena grande en plena actividad.

CAPÍTULO CUATRO

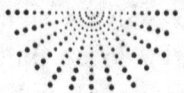

En el día prescrito por «el espíritu de la colmena», una parte del pueblo, estrictamente determinada según las leyes inmutables y seguras, cede el puesto a esas esperanzas todavía informes. Se deja en la dormida ciudad a los machos, entre los cuales será elegido el amante real. Las jóvenes abejas cuidan de la nidada y unos cuantos miles de obreras que seguirán recogiendo néctar por los remotos campos, guardarán el tesoro acumulado y mantendrán las tradiciones morales de la colmena. Porque cada colmena tiene su moral particular. Las hay muy virtuosas y las hay también muy pervertidas, y el apicultor imprudente puede corromper tal o cual pueblo, hacerle perder el respeto de la propiedad ajena, incitarlo al pillaje, hacerle contraer costumbres de conquista y de ociosidad que le convertirán en el terror de las pequeñas repúblicas vecinas. Basta que la abeja haya tenido ocasión de observar que el trabajo verificado lejos del hogar, entre las flores del campo, que es preciso visitar a centenares para formar una gota de miel, no es el único ni el más rápido medio de enriquecerse, y que es más fácil introducirse fraudulentamente en las colmenas mal guardadas o por fuerza en las que son demasiado débiles para defenderse. Pronto pierde la noción del deber deslumbrador, pero despiadado, que hace de ella la esclava alada de las corolas en la armonía nupcial de la naturaleza, y con frecuencia es difícil volver al buen camino una colmena de tal modo depravada.

CAPÍTULO CINCO

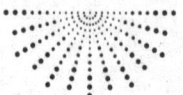

Todo indica que no es la reina, sino el espíritu de la colmena, quien decide la enjambrazón. Le sucede a esta reina lo que a los jefes entre los hombres: que parecen mandar, pero obedecen a órdenes más imperiosas y más inexplicables que las dadas por ellos a los que les están sometidos.

Cuando ese espíritu ha fijado el momento, es preciso que desde la aurora, quizá desde la víspera o la antevíspera, haya dado a conocer su resolución, pues apenas ha bebido el sol las primeras gotas de rocío, se observa en torno del zumbante pueblo una agitación insólita, respecto a la cual raramente se equivoca el apicultor. Hasta diríase a veces que hay lucha, vacilación, retroceso. Sucede, en efecto, que, durante varios días seguidos, el revuelo se levanta y se calma sin razón aparente. ¿Fórmase en aquel instante una nube que nosotros no vemos, en el cielo que las abejas ven, o un pesar parecido al arrepentimiento en su inteligencia? ¿Se discute en un ruidoso consejo la necesidad de la partida? No lo sabemos, como no sabemos de qué manera el espíritu de la colmena hace saber su resolución a la multitud. Si es verdad que las abejas se comunican entre sí, se ignora si lo hacen del mismo modo que los hombres. Ese zumbido perfumado de miel, esa embriagada agitación de los bellos días de verano, que es uno de los placeres más gratos del criador de abejas; ese canto de fiesta del trabajo que sube y baja en torno de la colmena en la claridad del día, y que parece el murmullo de alegría de las flores abiertas, el himno de su felicidad, el eco de sus suaves aromas, la voz de los claveles blancos, del tomillo, del orégano, no es seguro que ellas lo oigan. Tienen, sin embargo, toda una gama de sonidos que nosotros mismos discernimos y que va de la felicidad profunda a la amenaza, a la cólera, a la angustia; tienen la oda de la reina, los estribillos de la abundancia, los salmos del dolor; tienen, en fin, los largos y misteriosos gritos de guerra de las princesas adolescentes en los combates y matanzas que preceden al vuelo nupcial. ¿Es una música casual que no altera su silencio interior? Lo cierto es que no hacen caso de los ruidos que hacemos en torno de la colmena, pues estiman quizá que esos ruidos no son de su mundo y no tienen ningún interés para ellas. Es verosímil que nosotros no oigamos sino una mínima parte de lo que dicen y que emitan una multitud de armonías que nuestros órganos no pueden percibir. En todo caso, más adelante veremos que saben entenderse y concertarse con una rapidez a veces prodigiosa, y cuando, por ejemplo, el gran ladrón de miel, la enorme Esfinge Atropos, la mariposa siniestra que lleva una calavera dibujada en el dorso, penetra en la colmena murmurando una especie de encantamiento irresistible que le es propio, la noticia circula de una abeja a otra, y desde las guardias de la entrada hasta las últimas obreras que trabajan allá, en los últimos panales, todo el pueblo se conmueve.

CAPÍTULO SEIS

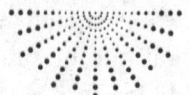

Creyóse durante mucho tiempo que, al abandonar los tesoros de su reino para lanzarse así a la vida incierta, las sabias abejas, habitualmente tan económicas, tan sobrias, tan previsoras, obedecían a una especie de locura fatal, a una maquinal impulsión, a una ley de la especie, a un decreto de la Naturaleza, a esa fuerza que para todos los seres se encuentra en el tiempo que transcurre.

Tanto si se trata de la abeja como de nosotros mismos, llamamos fatal a todo lo que aún no comprendemos. Pero la colmena ha revelado ya dos o tres de sus secretos materiales, y se ha observado que ese éxodo no es instintivo ni inevitable. No es una emigración ciega, sino un sacrificio, que parece razonado, de la generación presente a la generación futura. Basta que el apicultor destruya en sus celdas a las jóvenes reinas todavía inertes, y que al mismo tiempo, si las larvas y las ninfas son numerosas, agrande los almacenes y los dormitorios de la nación, para que inmediatamente todo el tumulto improductivo caiga como las gotas de oro de una lluvia obediente, el trabajo habitual se extienda sobre las flores, y, vuelta a ser indispensable, no esperando o no teniendo ya sucesora, tranquilizada respecto al porvenir de la actividad que va a nacer, la vieja reina renuncie a ver por aquel año la luz del sol. Reanuda tranquilamente, en las tinieblas, su tarea materna, que consiste en poner, siguiendo una espiral metódica, de celda en celda, sin omitir una sola, sin detenerse jamás, dos o tres mil huevos cada día.

¿Qué hay de fatal en todo esto sino el amor de la raza de hoy por la raza de mañana? Esa fatalidad existe también en la especie humana, pero su fuerza y su extensión son menores. Nunca produce esos grandes sacrificios totales y unánimes. ¿A qué fatalidad previsora obedecemos que reemplaza a aquélla? Lo ignoramos y no conocemos al ser que nos mira como nosotros miramos a las abejas.

CAPÍTULO SIETE

Pero el hombre no trastorna la historia de la colmena que hemos elegido, y el ardor todavía bañado de rocío de un hermoso día que avanza a pasos tranquilos y ya radiantes por entre los árboles, adelanta la hora de la partida. Del uno al otro extremo de los dorados corredores que separan los muros paralelos, las obreras terminan los preparativos del viaje. Cada una de ellas se encarga de una provisión de miel suficiente para cinco o seis días. De esa miel que se llevan sacarán, por procedimientos químicos que aún nadie ha explicado claramente, la cera necesaria para empezar inmediatamente la construcción de los edificios. Se proveen además de cierta cantidad de própolis, especie de resina destinada a calafatear las hendiduras de la nueva morada, a fijar todo lo que oscila, a barnizar todas las paredes, a excluir del interior toda la luz, pues les gusta trabajar en una oscuridad casi completa, en la cual se guían por medio de sus ojos de facetas o quizá por medio de sus antenas, en las cuales se supone que reside un sentido desconocido que palpa y mide las tinieblas.

CAPÍTULO OCHO

Saben, pues, prever las aventuras del día más peligroso de su existencia. En ese día, únicamente atentas a los cuidados y a los azares quizá prodigiosos del gran acto, no tendrán tiempo de visitar los jardines ni los prados, y es posible que mañana y pasado mañana haga viento o llueva, que se les hielen las alas y no se abran las flores. Sin esa previsión, les esperaría el hambre y la muerte. Nadie acudiría a socorrerlas y ellas no implorarían el socorro de nadie. De colmena a colmena no se conocen ni se ayudan jamás.

Hasta sucede que el apicultor instala su colmena en el punto en que recogió a la vieja reina y el enjambre de abejas que la rodea al lado de la morada que acaban de abandonar. Sea cual fuere el desastre que sufran diríase que han olvidado completamente la tranquilidad, la felicidad laboriosa, las enormes riquezas y la seguridad de su antigua urbe, y todas, una tras otra, hasta la última morirán de frío y de hambre en torno de su infeliz soberana antes que volver a la casa natal, cuya buena olor de abundancia, que no es más que el aroma de su trabajo pasado, penetra hasta su miseria.

CAPÍTULO NUEVE

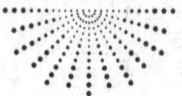

He aquí lo que no harían los hombres, se dirá; he aquí uno de esos hechos que prueban que, a pesar de las maravillas de esa organización, no hay en ellas ni inteligencia ni conciencia verdaderas. ¿Qué sabemos nosotros? Además de que es muy admisible que haya en otros seres una inteligencia de otra naturaleza que la nuestra, y que produzca efectos muy diferentes sin ser inferiores, ¿somos acaso, sin salirnos de nuestra pequeña parroquia humana, tan buenos jueces de las cosas del espíritu? Basta que veamos a dos o tres personas hablando y agitándose detrás de una ventana, sin oír lo que dicen, para que nos sea difícil adivinar la idea que llevan. ¿Creéis que un habitante de Marte o de Venus, que, desde lo alto de una montaña, viese ir y venir por las calles y las plazas públicas de nuestras ciudades los puntitos negros que somos en el espacio, se formaría, al espectáculo de nuestros movimientos, de nuestros edificios, de nuestros canales, de nuestras máquinas, una idea exacta de nuestra inteligencia, de nuestra moral, de nuestra manera de amar, pensar y esperar; en una palabra, del ser íntimo y real que somos? Se limitarían a atestiguar algunos hechos bastante sorprendentes, como hacemos en la colmena, y probablemente sacaría de ellos conclusiones tan inciertas, tan erróneas como las nuestras.

En todo caso, le costaría mucho trabajo descubrir en «nuestros puntitos negros» la gran dirección moral, el admirable sentimiento unánime que se manifiesta en la colmena. «¿Adónde van? —se preguntaría después de haber observado durante años y siglos—. ¿Qué hacen? ¿Cuál es el punto central y el fin de su vida? ¿Obedecen a algún dios? No veo nada que guíe sus pasos. Un día parecen edificar y reunir pequeñas cosas, y al otro día las destruyen y desparraman. Se van y vuelven, se reúnen y se dispersan, pero no se sabe lo que quieren. Ofrecen una multitud de espectáculos inexplicables. Los hay, por ejemplo, a quienes no se ve hacer, por decirlo así, ningún movimiento. Se les conoce por el pelaje más lustroso. A menudo también son más voluminosos que los demás. Ocupan moradas diez o veinte veces más vastas, más ingeniosamente adornadas y más ricas que las moradas ordinarias. Allí hacen diariamente comidas que se prolongan durante horas y a veces hasta muy adelantada la noche. Todos los que les rodean parecen rendirles honores, y portadores de víveres salen de las casas vecinas y hasta vienen del fondo del campo para hacerles presentes. Es de creer que son indispensables y prestan a la especie servicios esenciales, aunque nuestros medios de investigación no nos hayan permitido aún reconocer con exactitud la naturaleza de sus servicios. Se ven otros, por el contrario, que en grandes chozas llenas de ruedas que dan vueltas, en chiribitiles oscuros, en torno de los puertos y en pedacitos de tierra que remueven desde la aurora hasta la puesta del sol, no cesan de agitarse penosamente. Todo nos hace creer que esa agitación es punible, pues se los aloja en estrechas cabañas, sucias y desmanteladas. Se hallan cubiertos de una sustancia incolora. Tal parece ser su ardor en su obra nociva, o al menos inútil, que apenas se toman el tiempo de dormir y comer. Su número es a los primeros como mil a uno. Es notable que la especie haya podido mantenerse hasta nuestros días en condiciones tan desfavorables para su desarrollo. Por lo demás, conviene añadir que, aparte de esa obstinación característica en sus penosas agitaciones, parecen inofensivos y dóciles y se contentan con los restos de los que son evidentemente los guardianes y quizá los salvadores de la raza».

CAPÍTULO DIEZ

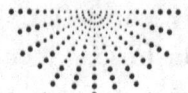

¿No es asombroso que la colmena que vemos así, confusamente, desde lo alto de otro mundo, nos dé, a la primera mirada que le echamos, una contestación segura y profunda? ¿No es admirable que sus edificios llenos de firmeza, sus costumbres, sus leyes, su organización económica y política, sus virtudes y hasta sus crueldades, nos enseñen inmediatamente el pensamiento o el dios a quien las abejas sirven y que no es el dios menos legítimo ni el menos razonable que se pueda concebir, aunque es quizás el único a quien no hemos adorado seriamente, o sea, el porvenir? A veces, en nuestra historia humana, tratamos de evaluar la fuerza y la grandeza moral de un pueblo o de una raza y no encontramos más medida que la persistencia y la amplitud del ideal que persiguen y la abnegación con la cual se consagran a él. ¿Hemos encontrado muchas veces un ideal más conforme con los deseos del Universo, más firme, más augusto, más desinteresado, más manifiesto y una abnegación más total y más heroica?

CAPÍTULO ONCE

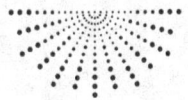

¡Extraña pequeña república, tan lógica y tan grave, tan positiva, tan minuciosa, tan económica, y, sin embargo, víctima de un sueño tan vasto y tan precario! Pequeño pueblo tan resuelto y tan profundo, nutrido de calor y de luz y de lo más puro que hay en la Naturaleza: el alma de las flores, es decir, la sonrisa más evidente de la materia y su esfuerzo más conmovedor hacia la felicidad y la belleza, ¿quién nos dirá los problemas que has resuelto y que a nosotros nos hace falta resolver, las certezas que has adquirido y que a nosotros nos falta adquirir? Y si es verdad que has resuelto esos problemas y adquirido esas verdades, no por medio de la inteligencia, sino en virtud de algún impulso primitivo y ciego, ¿a qué enigma más insoluble aún no nos empujas? Pequeña ciudad llena de fe, de esperanzas, de misterios, ¿por qué las cien mil vírgenes aceptan una tarea que ningún esclavo humano aceptó jamás? Economizando sus fuerzas, algo menos olvidadizas de sí mismas, algo menos ardientes en la labor, verían otra primavera y un segundo estío; pero parecen poseídas de la embriaguez mortal del trabajo, y, rotas las alas, reducido a nada y cubierto de heridas el cuerpo, perecen casi todas en menos de cinco semanas.

Tantus amor florum, et generandi gloria mellis.

Exclama Virgilio, que nos transmitió en el cuarto libro de las *Geórgicas*, consagrado a las abejas, los deliciosos errores de los antiguos, que observaban la Naturaleza con los ojos aún deslumbrados por la presencia de dioses imaginarios.

CAPÍTULO DOCE

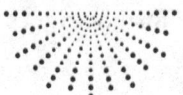

¿Por qué renuncian al sueño, a las delicias de la miel, al amor, a los adorables ocios que conoce, por ejemplo, su alada hermana, la mariposa? ¿No podrían vivir como ella? No las acosa el hambre. Dos o tres flores bastan para alimentarlas y visitan dos o trescientas por hora para acumular un tesoro cuyas dulzuras no probarán. ¿A qué tomarse tanto trabajo, de dónde viene tanta seguridad? ¿Es bien cierto que la generación por la cual moriréis merece ese sacrificio, que será más bella y más feliz, que hará algo que no hayáis hecho vosotras? Vemos vuestro fin; es tan claro como el nuestro: queréis vivir en vuestra descendencia tanto tiempo como la Tierra misma; pero ¿cuál es el fin de ese gran fin y la misión de esa existencia eternamente renovada?

Pero ¿no somos más bien nosotros los que nos atormentamos en la duda y el error, que somos soñadores pueriles y os hacemos preguntas inútiles? Aunque, de evoluciones en evoluciones, hubieseis llegado a ser todopoderosas y muy felices; aunque hubierais llegado a las últimas alturas desde las cuales dominaseis las leyes de la Naturaleza; aunque fueseis, en fin, diosas inmortales, aún os interrogaríamos y os preguntaríamos lo que esperáis, adonde queréis ir, dónde contáis deteneros y declararos sin deseo. Somos tales que nada nos satisface, que nada nos parece tener su fin en sí mismo, que nada nos parece existir simplemente, sin segunda intención.

¿Hemos podido imaginar hasta hoy uno solo de nuestros dioses, desde el más grosero hasta el más razonable, sin hacerlo agitar inmediatamente, sin obligarlo a crear una multitud de seres y de cosas, a buscar mil fines fuera de sí mismo, y no nos resignaremos jamás a representar tranquilamente y durante algunas horas una forma interesante de la actividad de la materia, para volver en seguida, sin pesares ni asombro, a la otra forma, que es la inconsciente, la desconocida, la dormida, la eterna?

CAPÍTULO TRECE

Pero no olvidemos nuestra colmena, en que el enjambre pierde la paciencia; nuestra colmena que bulle y rebosa de oleadas negras y vibrantes, como un vaso sonoro bajo el ardor del sol. Son las doce del día y diríase que, en torno del calor que reina, los árboles reunidos retienen todas sus hojas, como se retiene la respiración en presencia de una cosa muy dulce, pero muy grave. Las abejas dan la miel y la cera olorosa al hombre que las cuida; pero lo que quizá vale más que la miel y la cera es que llaman su atención sobre la alegría de junio, es que le hacen saborear la armonía de los meses más hermosos, es que todos los acontecimientos en que ellas intervienen están relacionados con los cielos puros, con la fiesta de las flores, con las horas más felices del año. Son el alma del estío, el reloj de los minutos de abundancia, el ala diligente de los perfumes que vuelan, la inteligencia de los rayos de luz que se ciernen, el murmullo de las caridades que vibran, el canto de la atmósfera que descansa, y su vuelo es la señal visible, la nota convencida y musical de las pequeñas alegrías innumerables que nacen del calor y viven en la luz. Hacen comprender la voz más íntima de las buenas horas naturales. Al que las conoce, al que las ama, al que las disfrutó, un estío sin abejas parece tan desgraciado y tan imperfecto como si careciese de pájaros y flores.

CAPÍTULO CATORCE

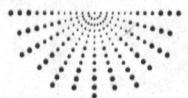

El que asiste por primera vez a ese episodio ensordecedor y desordenado de la enjambrazón de una colmena bien poblada se encuentra bastante desconcertado y no se acerca sin temor. No reconoce a las serias y pacíficas abejas de las horas laboriosas. Las había visto llegar momentos antes de todos los ámbitos de la campiña, preocupadas como pequeñas amas de casa a quienes nada es capaz de distraer de sus quehaceres domésticos. Entraban casi inadvertidas, extenuadas, sin aliento, presurosas, agitadas, pero discretas, saludadas al paso con una ligera señal de las antenas por las jóvenes amazonas del vestíbulo. A lo sumo cambiaban las tres o cuatro palabras, probablemente indispensables, al entregar apresuradamente su cosecha de miel a una de las portadoras adolescentes que estacionan siempre en el patio interior de la fábrica o bien iban a depositar por sí mismas, en los vastos graneros que rodean la nidada, las dos pesadas cestas de polen que llevaban enganchadas en sus muslos, para repartir inmediatamente después, sin hacer caso de lo que pasaba en los talleres, en el dormitorio de las ninfas o en el palacio real, sin mezclarse, ni siquiera un momento, con el barullo de la plaza pública que se extiende delante del umbral, y que llenan, a las horas de gran calor, los corros de las ventiladoras que charlan.

CAPÍTULO QUINCE

Hoy todo ha cambiado. Cierto es que un número de obreras, tranquilamente, como si no fuese a pasar nada, van a los campos y vuelven, limpian la colmena, suben a las cámaras de la nidada, sin dejarse contagiar de la embriaguez general. Son las que no acompañarán a la reina y se quedarán en la vieja morada para guardarla, para anidar y alimentar a los nueve o diez mil huevos, a las dieciocho mil larvas, a las treinta y seis mil ninfas y a las siete u ocho princesas a quienes se abandona. Son elegidas para ese deber austero, sin que se sepa en virtud de qué reglas ni por quién ni cómo. Muéstranse tranquilas e inflexiblemente fieles a esa misión, y aunque he repetido muchas veces la experiencia, empolvando con una materia colorante algunas de esas «cenicientas» resignadas, que es fácil reconocer por su porte serio y algo pesado entre el pueblo en fiesta, raramente he encontrado alguna en la embriagada multitud del enjambre.

CAPÍTULO DIECISÉIS

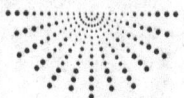

Y, sin embargo, el atractivo parece irresistible. Es el delirio del sacrificio, quizás inconsciente, ordenado por el dios; es la fiesta de la miel, la victoria de la raza y del porvenir; es el único día de regocijo, de olvido y de locura; es el único domingo de las abejas. También parece ser el único día en que comen a saciedad y conocen plenamente la dulzura del tesoro que reúnen. Parecen prisioneras libertadas y súbitamente transportadas a un país de exuberancias y esparcimientos. Rebosan de júbilo y no son dueñas de sí mismas. Ellas, que nunca hacen un movimiento impreciso o inútil, van y vienen, salen y entran y vuelven a salir para excitar a sus hermanas, ver si la reina está pronta, aturdir su espera. Vuelan mucho más alto que de costumbre y hacen vibrar en torno del colmenar las hojas de los grandes árboles. No tienen ya temores ni cuidados. No son ya ariscas, meticulosas, recelosas, irritables, agresivas, indomables. El hombre, el amo ignorado, a quien nunca reconocían y que no logró domarlas sino doblegándose a todas sus costumbres de trabajo, respetando todas sus leyes, siguiendo paso a paso el surco que traza en la vida su inteligencia siempre dirigida hacia el bien de mañana, y que nada desconcierta ni desvía de su fin, el hombre, puede acercarse a ellas; rasgar la cortina dorada y tibia que forman en torno de él sus zumbantes torbellinos; cogerlas en la mano, como un racimo de fruta; son tan mansas, tan inofensivas como una nube de libélulas o de falenas y, en ese día, dichosas, sin poseer nada, confiadas en el porvenir, con tal que no se las separe de su reina, que lleva en sí ese porvenir, se someten a todo y no lastiman a nadie.

CAPÍTULO DIECISIETE

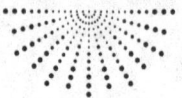

Pero aún no se ha dado la verdadera señal. En la colmena reina una agitación inconcebible y un desorden cuyo pensamiento no se puede descubrir. En tiempo normal, una vez en su casa, las abejas olvidan que tienen alas, y cada cual permanece casi inmóvil, pero no inactiva, en los panales, en el puesto que le está asignado para su género de trabajo. Ahora, frenéticas, se mueven en círculos compactos de arriba abajo en las paredes verticales, como una pasta vibrante meneada por una mano invisible. La temperatura interior se eleva rápidamente, hasta tal punto, a veces, que la cera de los edificios se ablanda y se deforma. La reina, que habitualmente no se aparta nunca de los panales del centro, recorre desatentada, jadeante, la superficie de la multitud vehemente que gira una y otra vez sobre sí. ¿Es para activar la partida o para retrasarla? ¿Ordena o implora? ¿Propaga la emoción prodigiosa o la sufre? Parece bastante evidente, según lo que sabemos de la psicología general de la abeja, que la enjambrazón se hace siempre contra la voluntad de la vieja soberana. En el fondo, la reina es, a los ojos de sus hijas, las escépticas obreras, el órgano del amor, indispensable y sagrado, pero algo inconsciente y a menudo pueril. Por eso la tratan como una madre bajo tutela. Tienen por ella un respeto, una ternura heroica y sin límites. Le está reservada la miel más pura, especialmente destilada y casi enteramente asimilable. Tiene una escolta de satélites o de lictores, según la expresión de Plinio, que vela por ella día y noche; facilita su trabajo maternal, prepara las celdas en que debe poner sus huevos; la cuida, la acaricia, la alimenta, la lava, hasta absorbe sus excrementos. Al menor accidente que sufre, la noticia cunde de abeja en abeja y el pueblo se agolpa y se lamenta. Si se la saca de la colmena, y las abejas no pueden esperar reemplazarla, porque no ha dejado larvas de obreras de menos de tres días (porque toda larva de obrera que tiene menos de tres días puede, gracias a un alimento particular, ser transformada en ninfa real, y éste es el gran principio democrático de la colmena que compensa las prerrogativas de la predestinación materna); si, en tales circunstancias, se la coge, se la prende y se la lleva lejos de su morada, una vez notada su pérdida —a veces transcurren dos o tres horas antes que todo el mundo tenga noticias de ella, tan vasta es la urbe—, el trabajo cesa casi en todas partes. Los pequeñuelos son abandonados; parte de la población va errante de un lado a otro en demanda de su madre, otra sale en su busca; las guirnaldas de obreras ocupadas en construir los panales se rompen y disgregan; las recolectoras no visitan ya las flores; las guardias de la entraba abandonan su puesto, y las saqueadoras ajenas, todos los parásitos de la miel, perpetuamente en acecho de una buena ocasión, entran y salen libremente sin que a nadie se le ocurra defender el tesoro trabajosamente reunido. Poco a poco la ciudad se empobrece y se despuebla, y sus habitantes, desalentadas, no tardan en morir de tristeza y de miseria, aunque todas las flores del estío se abran ante ellas.

Pero si se les restituye su soberana antes de que su pérdida sea un hecho consumado e irremediable, antes de que la desmoralización sea demasiado profunda (las abejas son como los hombres: una desgracia y una desesperación prolongada rompen su inteligencia y degradan su carácter), si se les restituye algunas horas después, la acogida que le hacen es extraordinaria y conmovedora. Todas se agrupan en torno de ella, se suben unas sobre otras, la acarician al paso con sus largas antenas, que contienen tantos órganos todavía inexplicados, le ofrecen miel, la escoltan en tumulto hasta las cámaras reales. En seguida se restablece el orden, el trabajo se reanuda, desde los panales centrales hasta los más lejanos anexos en que se acumula el exceso de la cosecha, las recolectoras salen en filas negras y regresan a veces dos o tres minutos después cargadas de néctar y de polen, los saqueadores y los parásitos son expulsados o muertos, barridas las calles y resuena dulce y monótonamente en la colmena ese canto feliz y tan particular que es el canto íntimo de la presencia real.

CAPÍTULO DIECIOCHO

Se tienen mil ejemplos de ese apego, de esa abnegación absoluta de las obreras por su soberana. En todas las catástrofes de la pequeña república: la caída de la colmena o de los panales, la brutalidad o la ignorancia del hombre, el frío, el hambre, las enfermedades, si el pueblo perece en masa, casi siempre la reina se salva y se la encuentra viva bajo los cadáveres de sus fieles hijas. Es que todas la protegen, facilitan su huida, la defienden y abrigan con su cuerpo, le reservan la comida más sana y las últimas gotas de miel. Y mientras vive, cualquiera que sea el desastre, el desaliento no entra en la ciudad de «las castas bebedoras de rocío». Romped veinte veces seguidas los panales, arrebatadles veinte veces sus hijos y sus víveres y no llegaréis a hacerlas dudar del porvenir, y diezmadas, hambrientas, reducidas a un pequeño troje que apenas puede ocultar su madre al enemigo, reorganizarán los reglamentos de la colonia, atenderán a lo más urgente, compartirán de nuevo su tarea según las necesidades anormales del momento desgraciado y reanudarán inmediatamente el trabajo con una paciencia, un ardor, una inteligencia y una tenacidad que no siempre se encuentran en tal alto grado en la Naturaleza, a pesar de que la mayor parte de los seres muestran en sí mismos más valor y confianza que el hombre.

A fin de apartar el desaliento y mantener su amor, ni siquiera es preciso que la reina esté presente; basta que haya dejado a la hora de su muerte o de su partida la más frágil esperanza de descendencia. «Hemos visto —dice el venerable Langstroth, uno de los padres de la apicultura moderna—, hemos visto una colonia que no tenía bastantes abejas para cubrir un panal de diez centímetros cuadrados, tratando de criar una reina. Durante dos semanas enteras conservaron la esperanza de conseguirlo; al fin, cuando su número quedaba reducido a la mitad, su reina nació, pero tenía las alas tan imperfectas que no pudo volar. Aunque impotente, no por eso sus abejas la trataron con menos respeto. Una semana después no quedaba más que una docena de abejas; finalmente, pocos días más tarde, la reina había desaparecido, dejando en los panales algunas infelices inconsolables».

CAPÍTULO DIECINUEVE

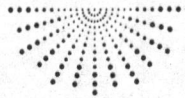

He aquí, entre otras, una circunstancia, nacida de las inauditas pruebas que nuestra intervención reciente y tiránica impone a las infortunadas, pero firmes, heroínas, y en la cual se observa a lo vivo el último gesto del amor filial y de la abnegación. Más de una vez, como todo aficionado a las abejas, he hecho traer de Italia reinas fecundadas, pues la raza italiana es mejor, más robusta, más prolífica, más activa y mansa que la nuestra. Esos envíos se hacen en cajitas provistas de pequeños agujeros. Se mete en la caja, con algunos víveres, la reina acompañada de cierto número de obreras, elegidas, si es posible, entre las más viejas (la edad de las abejas se conoce con bastante facilidad en que tienen el cuerpo más liso, delgado, casi calvo y, sobre todo, las alas gastadas y rasgadas por el trabajo), para alimentarla, cuidarla y velar por ella durante el viaje. Con frecuencia, a la llegada, la mayor parte de las obreras ha sucumbido. Una vez, todas habían muerto de hambre; pero en este caso, como en los otros, la reina se hallaba intacta y vigorosa, y la última de sus compañeras quizá había perecido ofreciendo a su soberana, símbolo de una vida más preciosa y más vasta que la suya, la última gota de miel que tenía en reserva en el fondo de su papo.

CAPÍTULO VEINTE

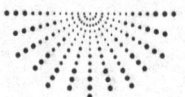

Habiendo observado ese afecto tan constante, el hombre ha sabido utilizar el admirable sentido político, el amor al trabajo, la perseverancia, la magnanimidad, la pasión del porvenir que de aquélla se desprenden o que la misma encierra. Gracias a ella ha conseguido, de algunos años a esta parte, domesticar, hasta cierto punto, y sin que se den cuenta de ello, a las terribles guerreras, pues no ceden a ninguna fuerza ajena, y en su inconsciente servidumbre únicamente sirven a sus propias leyes esclavizadas. Puede creer que teniendo a la reina tiene en la mano el alma y los destinos de la colmena. Según la manera con que se sirve y hasta juega con ella, por decirlo así, provoca, por ejemplo, y multiplica, impide o restringe la enjambrazón, reúne o divide las colonias, dirige la emigración de los reinos. No es menos cierto que la reina no es, en el fondo, más que una especie de símbolo viviente, que, como todos los símbolos, representa un principio menos visible y más vasto, que conviene que el apicultor tenga en cuenta si no quiere exponerse a más de una decepción. Por lo demás, las abejas no se equivocan tocante a eso y no pierden de vista, a través de su reina visible y efímera, a su verdadera soberana, inmaterial y permanente, que es su idea fija. Que esa idea sea consciente o no, ello no importa sino en el caso de que queramos admirar más las abejas que la tienen o la Naturaleza que la ha puesto en ellas. Dondequiera que se encuentre, en esos pequeños cuerpos tan frágiles, o en el gran cuerpo incognoscible, es digna de nuestra atención. Y, sea dicho de paso, si cuidásemos de no subordinar nuestra admiración a tantas circunstancias de lugar o de origen, no perderíamos con tanta frecuencia la ocasión de abrir nuestros ojos con asombro, y nada hay tan saludable como el abrirlos así.

CAPÍTULO VEINTIUNO

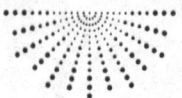

Se dirá que eso son conjeturas muy aventuradas y demasiado humanas, que las abejas no tienen probablemente ninguna idea de ese género y que la noción del porvenir, del amor a la raza y tantas otras que les atribuimos no son en el fondo sino las formas que toman para ellas la necesidad de vivir, el temor al sufrimiento y a la muerte y el atractivo placer. Convenido; todo eso, si se quiere, no es más que una manera de hablar; por esto no le daba yo grande importancia. Lo único cierto aquí, como es lo único cierto en todo lo que sabemos, es la prueba de que, en tal o cual circunstancia, las abejas se portan con su reina de tal o cual manera.

Lo demás es un misterio en torno del cual únicamente se pueden hacer conjeturas más o menos agradables, más o menos ingeniosas. Pero si hablásemos de los hombres, como quizá sería prudente hablar de las abejas, ¿tendríamos derecho a decir de ellos mucho más? También nosotros no hacemos más que obedecer a las necesidades, al atractivo del placer o al horror del sufrimiento, y lo que llamamos nuestra inteligencia tiene el mismo origen y la misma misión que lo que llamamos instinto de animales. Realizamos ciertos actos cuyos efectos creemos conocer; sufrimos otros, cuyas causas nos jactamos de penetrar mejor que ellos; pero además de que esta suposición no descansa sobre nada firme, estos actos son mínimos y raros comparados con la multitud enorme de los demás, y todos, los mejor conocidos y los más ignorados, los más pequeños y los más grandiosos, los más próximos y los más remotos, se realizan en las tinieblas de una noche en que es probable que seamos tan ciegos como suponemos que lo son las abejas.

CAPÍTULO VEINTIDÓS

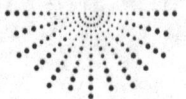

«Se convendrá —dice Buffon, el cual tiene contra las abejas un rencor bastante gracioso—, se convendrá en que, tomando esas moscas una por una, tienen menos ingenio que el perro, el mono y la mayor parte de los animales; se convendrá en que tienen menos docilidad, menos apego, menos sentimientos; en una palabra, menos cualidades relativas a las nuestras; por consiguiente, debe convenirse que su inteligencia aparente no dimana más que de su multitud reunida; sin embargo, esta reunión misma no supone ninguna inteligencia, puesto que no se reúnen con fines morales, sino que se encuentran juntas sin su consentimiento. Esa sociedad no es, pues, otra cosa que una reunión física, ordenada por la Naturaleza, e independiente de todo conocimiento, de todo razonamiento. La madre abeja produce de una vez diez mil individuos en el mismo punto; estos diez mil individuos, aunque sean mil veces más estúpidos de lo que yo supongo, se verán obligados, sólo para seguir existiendo, a arreglarse de algún modo; como unos y otros obran todos con fuerzas iguales, aunque hubiesen empezado por perjudicarse, a fuerza de hacerlo llegarán pronto a perjudicarse lo menos posible, es decir, a ayudarse mutuamente; parecerán, pues, entenderse y concurrir al mismo fin; el observador les atribuirá pronto miras y todo el espíritu que les falta, querrá explicar cada acción, cada movimiento tendrá pronto su motivo, y de ahí saldrán maravillas o monstruos de razonamientos sin número, porque esos diez mil individuos producidos a la vez, que han vivido juntos, que se han metamorfoseado todos casi al mismo tiempo, no pueden menos de hacer todos la misma cosa, y, por poco sentimiento que tengan, de contraer costumbres comunes, de arreglarse, de encontrarse bien juntos, de ocuparse en su morada, de volver a ella después de haberse alejado, etcétera, y de ahí la arquitectura, la geometría, el orden, la previsión, el amor a la patria, la república en una palabra, todo fundado, como se ve, en la admiración del observador».

He aquí una manera completamente contraria de explicar las abejas. Desde luego, puede parecer más natural, pero ¿no sería en el fondo, por la sencilla razón de que no explica casi nada? Prescindo de los errores materiales de esa página, pero el avenirse así, perjudicándose lo menos posible, con las necesidades de la vida común, ¿no supone cierta inteligencia que parecerá tanto más notable cuanto más de cerca se examina de qué modo esos «diez mil individuos» evitan el perjudicarse y llegan a ayudarse mutuamente? ¿No es también nuestra propia historia? ¿Qué dice el viejo naturalista irritado que no se aplique exactamente a todas nuestras sociedades humanas? Nuestro saber, nuestras virtudes, nuestra política, amargos frutos de la necesidad que nuestra imaginación ha dorado, no tienen más fin que el de utilizar nuestro egoísmo y convertir en bien común la actividad naturalmente perjudicial de cada individuo. Además, lo repetimos, si se quiere que las abejas no tengan ninguna idea ni ninguno de los sentimientos que les atribuimos, ¿qué nos importa el lugar de nuestro asombro? Si se cree que es imprudente el admirar las abejas, admiraremos la Naturaleza, y siempre llegará un momento en que no se nos podrá arrancar nuestra admiración y no perderemos nada por haber retrocedido y esperado.

CAPÍTULO VEINTITRÉS

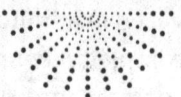

Sea como fuere, y por no abandonar nuestra conjetura, que tiene al menos la ventaja de coordinar en nuestro espíritu ciertos actos evidentemente coordinados en la realidad, las abejas adoran en su reina no tanto a la reina misma como al porvenir infinito de su raza. Las abejas no son muy sentimentales, y, cuando una de ellas vuelve del trabajo tan gravemente herida que juzgan que ya no podrá prestar ningún servicio, la expulsan despiadadamente. Y, sin embargo, no puede decirse que sean del todo incapaces de cierto apego personal a su madre. La reconocen entre todas. Aun cuando sea vieja, miserable, lisiada, las guardianas de la puerta no permitirán jamás que una reina desconocida, por joven, bella y fecunda que parezca, penetre en la colmena. Cierto es que éste es uno de los principios fundamentales de su policía, al que no se falta, a veces, sino en las épocas de gran cosecha de miel, en favor de alguna obrera extraña bien cargada de víveres.

Cuando la reina se ha vuelto completamente estéril, la reemplazan criando cierto número de princesas reales. Pero ¿qué hacen de la vieja soberana? No se sabe exactamente; pero a los apicultores les ha sucedido, a veces, encontrar sobre los panales de una colmena una reina magnífica y en la flor de la edad, y, en el fondo, en un rincón oscuro, la antigua «señora», como la llaman en Normandía, flaca y tullida. Parece que en este caso han debido de cuidar de protegerla hasta el fin contra el odio de su vigorosa rival, que no desea más que su muerte, pues las reinas se tienen entre sí un horror invencible que hace que se precipiten una contra otra desde el momento en que se hallan dos bajo el mismo techo. Es de creer que aseguran así a la más vieja una especie de retiro humilde y tranquilo en que termina sus días. Nos hallamos en presencia de uno de los mil enemigos del reino de la cera y tenemos la ocasión de comprobar, una vez más, que la política y las costumbres de las abejas no son fatales y estrechas y que obedecen a móviles más complicados que los que creemos conocer.

CAPÍTULO VEINTICUATRO

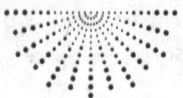

Pero trastornamos a cada instante las leyes de la Naturaleza que más firmes deben parecerles. Las ponemos cada día en la situación en que nos encontraríamos nosotros mismos si alguien suprimiese bruscamente en torno nuestro las leyes de la gravedad, del espacio, de la luz o de la muerte. ¿Qué harán, pues, si se introduce por fuerza o fraudulentamente una segunda reina en la colmena? En el estado natural, este caso, gracias a las centinelas de la entrada, quizá no se ha presentado nunca desde que habitan este mundo. No se desconciertan y saben conciliar de la mejor manera posible, en una coyuntura tan prodigiosa, dos principios que respetan como órdenes divinas. El primero es el de la maternidad única, que nunca se quebranta fuera del caso de esterilidad de la reina reinante. El segundo es más curioso todavía; pero si bien no puede infringirse, permite que se le evite judaicamente, por decirlo así. Este principio es el que reviste de una especie de inviolabilidad a la persona de toda reina, cualquiera que sea. Les sería fácil a las abejas clavar en la intrusa mil dardos venenosos; moriría en el acto y no tendrían más que arrastrar su cadáver fuera de la colmena. Pero aunque tienen siempre el aguijón dispuesto, y se sirven de él a cada instante para combatir entre sí, para matar a los zánganos, a los enemigos o a los parásitos, *no lo sacan nunca contra ninguna reina*, del mismo modo que la reina no saca nunca el suyo contra el hombre, ni contra ningún animal, ni contra una abeja ordinaria, y su arma real, que, en vez de ser recta como la de las obreras, es curva en forma de cimitarra, no la desenvaina sino cuando combate de igual a igual con otra reina.

Como ninguna abeja, al parecer, se atreve a asumir el horror de un regicidio directo y sangriento, en todas las circunstancias en que el buen orden y la prosperidad de la república exigen que una reina perezca, procuran dar a su muerte la apariencia de la muerte natural; subdividen el crimen hasta el infinito, de modo que resulta anónimo.

Entonces «embalan» a la soberana extraña, según la expresión técnica de los apicultores, lo que significa que la rodean enteramente con sus innumerables cuerpos entrelazados. Forman así una especie de prisión viva en que la prisionera no puede ya moverse y que mantienen durante veinticuatro horas, si es preciso, hasta que muere allí de hambre o asfixiada.

Si la reina legítima se acerca en aquel momento, y si, adivinando una rival, parece dispuesta a atacarla, las vivas paredes de la prisión se abren en seguida ante ella. Las abejas forman círculo en torno de las dos enemigas, y, atentas, pero imparciales, asisten al singular combate, sin tomar parte en él, pues sólo una madre puede sacar el aguijón contra una madre, sólo la que lleva en sus entrañas cerca de un millón de vidas parece tener derecho a dar de un golpe cerca de un millón de muertes.

Pero si el choque se prolonga sin resultado, si los dos aguijones corvos resbalan inútilmente sobre las pesadas corazas de córnea, llamada quitina, la reina que parezca huir, tanto si es la legítima como la extraña, será detenida y nuevamente cubierta por la cárcel viviente, hasta que vuelva a manifestar la intención de reanudar la lucha. Conviene añadir que, en las numerosas experiencias hechas sobre el particular, se ha visto casi invariablemente a la reina reinante alcanzar la victoria, ya porque, sintiéndose en su casa, en medio de los suyos, tenga más audacia y ardor que la otra, o porque las abejas, si bien son imparciales en el momento del combate, lo sean menos en la manera de aprisionar a los dos rivales, pues su madre no parece sufrir mucho a consecuencia de su aprisionamiento, al paso que la extraña sale casi siempre de él visiblemente lastimada.

CAPÍTULO VEINTICINCO

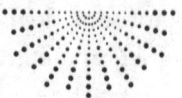

Una experiencia fácil demuestra mejor que ninguna otra que las abejas reconocen a su reina y le tienen verdadero apego. Sacad la reina de una colmena y veréis producirse en seguida todos los fenómenos de angustia y trastorno que he descrito en un capítulo precedente. Devolvedles, al cabo de unas horas, la misma reina y todas sus hijas vendrán a su encuentro ofreciéndole miel. Unas formarán cordón a su paso; otras, cabeza abajo y abdomen arriba, formarán ante ella grandes semicírculos inmóviles, pero sonoros, en que cantan, sin duda, el himno del feliz regreso y que marcan al parecer, en sus ritos reales, el respeto solemne o la felicidad suprema.

Pero no esperéis engañarlas sustituyendo a la reina legítima por otra extraña. Apenas esta última haya dado algunos pasos en la plaza las obreras, indignadas, acudirán masivamente de todas partes. Será inmediatamente rodeada y mantenida en la terrible prisión tumultuosa, cuyos muros obstinados se relevarán hasta que se produzca su muerte, porque, en este caso particular, casi nunca sale viva.

De modo que la introducción y el reemplazo de las reinas es una de las mayores dificultades de la apicultura. Es curioso ver a qué diplomacia, a qué astucias complicadas debe recurrir el hombre para imponer su deseo y engañar a esos pequeños insectos tan perspicaces, pero siempre de buena fe, que aceptan con un valor impresionante los acontecimientos más inesperados, y en los cuales no ve, al parecer, sino un capricho nuevo, pero fatal, de la Naturaleza. En suma: en toda esa diplomacia y en el desconcierto desesperante que producen con bastante frecuencia esos atrevidos ardides, el hombre cuenta siempre, casi empíricamente, con el admirable sentido práctico de las abejas, con el tesoro inagotable de sus leyes y de sus costumbres maravillosas, con su amor al orden, a la paz y al bien público, con fidelidad al porvenir, con la firmeza tan hábil y el desinterés tan serio de su carácter, y, sobre todo, con una constancia en el cumplimiento de sus deberes que nada llega a cansar. Pero el detalle de esos procedimientos pertenece a los tratados de apicultura propiamente dichos y nos llevaría demasiado lejos[1].

---

1. Ordinariamente se introduce la reina extraña encerrándola en una jaulita de alambre que se cuelga entre dos panales. La jaula se halla provista de una puerta de cera y miel que las obreras roen cuando ha pasado su cólera, libertando así a la prisionera, a quien con bastante frecuencia acogen sin malevolencia. Mr. S. Simmins, director del gran colmenar de Rottingdean, ha encontrado recientemente otro modo de introducción, sumamente sencillo, que casi siempre da buen resultado y que se generaliza entre los apicultores cuidadosos de su arte. Ordinariamente, lo que hace difícil la introducción, es la actitud de la reina. Ésta se espanta, huye, se oculta, se conduce como una intrusa, inspira sospechas que el examen de las obreras no tarda en confirmar. Mr. Simmins aísla desde luego completamente y hace ayunar durante media hora a la reina que se trata de introducir. Levanta luego un ángulo de la cubierta interior de la colmena huérfana y coloca la reina extraña sobre uno de los panales. Desesperada por su aislamiento anterior, se alegra de encontrarse de nuevo entre abejas y, hambrienta, acepta con avidez los alimentos que le ofrecen. Las obreras, engañadas por aquella tranquilidad, no se meten en averiguaciones, se imaginan probablemente que su antigua reina ha vuelto y la acogen con alegría. Parece resultar de esta experiencia que, contrariamente a la opinión de Huber y de todos los observadores, no son capaces de reconocer a su reina. Sea como fuere, las dos explicaciones igualmente plausibles —aunque la verdad se encuentra quizás en una tercera que aún no conocemos— demuestran una vez más cuán compleja y oscura es la psicología de las abejas. Y de esto, como de todas las cuestiones de la vida, no hay más que una conclusión que sacar, y es que, en espera de otra cosa mejor, es preciso que nuestro corazón reine la curiosidad.

CAPÍTULO VEINTISÉIS

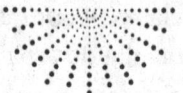

En cuanto al afecto personal de que hablábamos, y para acabar con él, si es probable que existe, es seguro también que su memoria es corta, y si pretendéis restablecer en su reino a la madre desterrada pocos días antes, será recibida en él de tal manera por sus hijas exasperadas que tendréis que apresuraros a arrancarla al encarcelamiento mortal que es el castigo de las reinas desconocidas. Es que han tenido tiempo de transformar en celdas reales una docena de habitaciones de obreras y el porvenir de la raza ya no corre ningún peligro. Su afecto crece o decrece, según la manera con que la reina representa ese porvenir. Con frecuencia, cuando una reina virgen realiza la peligrosa ceremonia del «vuelo nupcial», se ve a sus súbditas tan temerosas de perderla que todas la acompañan en esa trágica y lejana busca del amor de que luego hablaré, lo cual no hacen nunca cuando se ha tenido cuidado de darles un fragmento de panal que contenga celdas de joven nidada y en que hallen la esperanza de criar a otras madres. El afecto hasta puede transformarse en furor y en odio si la soberana no llena todos sus deberes con la divinidad abstracta que llamaríamos la sociedad futura y que ellas conciben más vivamente que nosotros. Ha sucedido, por ejemplo, que varios apicultores, por diversas razones, han impedido que la reina siga al enjambre, reteniéndola en la colmena por medio de una pequeña red metálica a través de la cual las delgadas y ágiles obreras pasaban inadvertidamente, pero por cuyas mallas la pobre esclava del amor, notablemente más pesada y corpulenta que sus hijas, no podía pasar. A la primera salida, las abejas, viendo que no las había seguido, volvían a la colmena y reconvenían, empujaban y maltrataban muy manifiestamente a la desdichada prisionera, a quien acusaban, sin duda, de tener pereza o el espíritu apocado. A la segunda salida, como su mala voluntad parecía evidente, aumentaba la cólera de las súbditas, y entonces los malos tratos eran más serios. Ya la tercera, juzgándola irremediablemente infiel a su destino y al porvenir de la raza, casi siempre la condenaban y le daban muerte en la prisión real.

CAPÍTULO VEINTISIETE

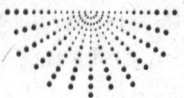

Como se ve, todo está subordinado a ese porvenir con una previsión, un concierto, una inflexibilidad, una habilidad en interpretar las circunstancias y en sacar partido de ellas, que confunden a la admiración cuando se tiene en cuenta todo lo imprevisto, todo lo sobrenatural que nuestra intervención reciente difunde sin cesar en sus moradas. Se dirá quizá que, en el primer caso, interpretan muy mal la impotencia de la reina en seguirlas. ¿Seríamos nosotros mucho más perspicaces, si una inteligencia de orden diferente y servida por un cuerpo tan colosal que sus movimientos fuesen casi tan imperceptibles como los de un fenómeno natural, se divirtiese en tendernos lazos del mismo género? ¿No hemos tardado miles de años en inventar una interpretación bastante plausible del rayo? Toda inteligencia obra con lentitud cuando sale de su esfera, que es siempre pequeña, y cuando se halla en presencia de acontecimientos que no ha provocado. Además, no es seguro que, si la prueba de la red metálica se generalizase y prolongase, las abejas no acabasen por comprenderla y obviar sus inconvenientes. Han comprendido ya otras muchas pruebas y han sacado el partido más ingenioso. La prueba de los «panales movibles» o la de las «secciones», por ejemplo, en que se las obliga a almacenar su miel de reserva en cajitas simétricamente apiladas, o la prueba extraordinaria de la «cera estampada», en que los alvéolos no están trazados más que por un delgado contorno de cera, de cuya utilidad ellas se hacen inmediatamente cargo, y que estiran con cuidado, a fin de formar, sin pérdida de sustancias ni de trabajo, celdas perfectas, ¿no descubren, en todas las circunstancias que no se presentan bajo un lazo tendido por una especie de dios malicioso y solapado, la mejor y la única solución humana? Por citar una de esas circunstancias naturales, pero del todo normales, que una babosa o un ratón se introduzca en la colmena y allí se les dé muerte, ¿qué harán las abejas para desembarazarse del cadáver, que no tardará en apestar la atmósfera? Si les es imposible expulsarlo o despedazarlo, lo encierran metódica y herméticamente en un verdadero sepulcro de cera y de propóleos que se alza entre los monumentos ordinarios de la colmena. El año pasado encontré en una de mis colmenas una aglomeración de tres tumbas, separadas como los alvéolos de los panales por tabiques medianeros, a fin de economizar la mayor cantidad de cera posible. Las prudentes enterradoras las habían erigido sobre los restos de tres pequeños caracoles que un niño había metido en su falansterio. Habitualmente, cuando se trata de caracoles, se contentan con cubrir de cera el orificio de la concha. Pero como esta vez las conchas habían sido más o menos rotas o rajadas, las abejas habían encontrado más sencillo sepultarlo todo, y, a fin de no estorbar el movimiento de la entrada, habían dispuesto en esa masa embarazosa cierto número de galerías exactamente proporcionadas no a su tamaño, sino al de los zánganos, que son dos veces mayores que ellas. Esto y el hecho siguiente, ¿no permiten creer que las abejas llegarían a descubrir la razón porque la reina no puede seguirlas a través de la red metálica? Tienen un sentido muy seguro de las proporciones y del espacio que un cuerpo necesita para moverse. En las regiones en que pulula la horrible Esfinge Atropos (*Aqueorontia Atropos*), construyen en la entrada de sus colmenas columnitas de cera, entre las cuales el pillastre nocturno no puede introducir su enorme abdomen.

CAPÍTULO VEINTIOCHO

Basta sobre este punto; no acabaría nunca si tuviese yo que agotar todos los ejemplos. Para resumir el papel y la situación de la reina, se puede decir que es el corazón esclavo de la colmena cuya inteligencia la rodea. Es la soberana única, pero también la sirvienta real, la depositaría cautiva y la delegada responsable del amor. Su pueblo la sirve y la venera, sin olvidar que no se somete a su persona, sino a la misión que ella desempeña y a los destinos que representa. Difícil sería encontrar una república humana cuyo plan abarque una porción tan considerable de los deseos de nuestro planeta; una democracia en que la independencia sea al mismo tiempo más perfecta y más razonable y la sujeción más total y más bien razonada. Pero tampoco se encontraría ninguna en que los sacrificios fuesen más duros y más absolutos. No vaya a creerse que yo admire esos sacrificios tanto como sus resultados. Sería de desear que esos resultados pudiesen obtenerse con menos sufrimiento y menos sacrificios. Pero una vez aceptado el principio —y es quizá necesario en el pensamiento de nuestro Globo—, su organización es admirable. Sea cual fuere sobre este punto la verdad humana, en la colmena la vida no es considerada como una serie de horas más o menos agradables, de las cuales conviene no entristecer ni amargar más que los minutos indispensables para su sostenimiento, sino como un gran deber común y severamente dividido para con un porvenir que retrasa sin cesar desde el principio del mundo. Cada cual renuncia en ella a más de la mitad de su dicha y de sus derechos. La reina dice adiós a la luz del día, al cáliz de las flores y a la libertad; las obreras, al amor, a cuatro o cinco años de vida y a las dulzuras de la maternidad. La reina ve su cerebro reducido a nada en provecho de los órganos de la reproducción, y las obreras ven atrofiarse estos mismos órganos en beneficio de su inteligencia. No sería justo sostener que la voluntad no toma parte alguna en esas abnegaciones. Cierto es que la obrera no puede cambiar su propio destino, pero dispone del de todas las ninfas que la rodean y que son sus hijas indirectas. Hemos visto que cada larva de obrera, si fuese nutrida y alojada según el régimen real, podría convertirse en reina, e, igualmente, cada larva real, si se cambiara su alimento y se redujese su celda, sería transformada en obrera. Estas prodigiosas elecciones se operan todos los días en la dorada sombra de la colmena. No se efectúan al azar, sino que una sabiduría cuya lealtad y gravedad profundas sólo el hombre puede engañar, una sabiduría siempre alerta, las hace o deshace, teniendo en cuenta todo lo que pasa dentro y fuera de la colmena. Si de pronto abundan las flores imprevistas; si la colina o las márgenes del río resplandecen de una nueva cosecha; si la reina es vieja o menos fecunda; si la población se acumula y le falta espacio, veréis surgir celdas reales. Estas mismas celdas podrán ser destruidas si la cosecha viene a faltar o si se agranda la colmena. Serán a menudo conservadas mientras la joven reina no haya verificado con éxito su vuelo nupcial, para ser destruidas cuando ésta vuelve a la colmena arrastrando en pos de sí, como un trofeo, la señal irrecusable de su fecundación. ¿Dónde está esa sabiduría que así pesa el presente y el porvenir y para la cual lo que aún no es visible tiene más importancia que todo lo que se ve? ¿Dónde reside esa prudencia anónima que renuncia y elige, que eleva y rebaja, que de tantas obreras podría hacer tantas reinas y que de tantas madres hace un pueblo de vírgenes? Hemos dicho en otro lugar que se encuentra en el «espíritu de la colmena»; pero el «espíritu de la colmena», ¿dónde encontrarlo, en fin, sino en la asamblea de las obreras?

Quizá, para convencerse de que es aquí donde reside, no era necesario observar tan atentamente las costumbres de la república real. Bastaba, como han hecho Dujardin, Brandt, Girand, Vogel y otros entomólogos, poner bajo el microscopio, junto al cráneo algo vacío de la reina y de la magnífica cabeza de los zánganos en que resplandecen veintiséis mil ojos, la cabecita ingrata y cuidadosa de la virgen obrera. Hubiéramos visto que en esta cabecita se desarrollan las circunvoluciones del cerebro más vasto y más ingenioso de la colmena. Es el más hermoso, el más complicado, el más delicado, el más perfecto, en otro orden y con una organización diferente, que existe en la Naturaleza después del cerebro del hombre[1]. Aquí también, como en todas partes, dentro del régimen del mundo que conocemos, donde está el cerebro está la autoridad, la fuerza verdadera, la sabiduría y la victoria. Aquí también es un átomo casi invisible de esa sustancia misteriosa del que avasalla y organiza la materia, y sabe crearse un pequeño puesto triunfante y duradero en medio de las fuerzas enormes e inertes de la nada y de la muerte.

---

1. El cerebro de la abeja, según los cálculos de Dujardin, forma la 1/174 parte del peso total del insecto; el de la hormiga, la 1/296. En cambio, los *cuerpos pedunculados* que parecen desarrollarse a proporción de los triunfos de la inteligencia sobre el instinto, son menos importantes en la abeja que en la hormiga. Como lo uno compensa lo otro, resulta de estas estimaciones, respetando en ellas la parte de hipótesis y teniendo en cuenta la oscuridad de la materia, que el valor intelectual de la hormiga y de la abeja debe de ser casi igual.

CAPÍTULO VEINTINUEVE

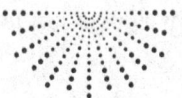

Volvamos ahora a nuestra colmena que enjambra y en la cual no se ha esperado el fin de estas reflexiones para dar la señal de partida. En el momento en que se da esa señal, diríase que todas las puertas de la ciudad se abren al mismo tiempo de un empujón súbito e insensato, y la negra multitud se evade o más bien surge de ella, según el número de aberturas, en un doble, triple o cuádruple chorro directo, tendido, vibrante y continuo que se esparce y ensancha en seguida en el espacio formando una sonora red en que se exasperan cien mil alas transparentes. Durante algunos minutos, la red flota encima del colmenar y en medio de un prodigioso murmullo comparable al que producirían diáfanas sederías sin cesar rasgadas y recosidas por mil y mil dedos electrizados, ondula, vacila, palpita como un velo de alegría sostenido en el aire por manos invisibles, que parecen plegarlo y desplegarlo desde las flores hasta el cielo, en espera de una llegada o de una partida augusta. Por fin, uno de los pliegues baja y el otro sube; las cuatro puntas llenas de sol del radioso manto que canta se unen y, a semejanza de uno de esos lienzos inteligentes que para cumplir un deseo atraviesan el horizonte en los cuentos de hadas, se dirige todo entero y ya replegado, a fin de recubrir la sagrada presencia del porvenir, hacia el tilo, el peral o el sauce en que la reina acaba de posarse como un clavo de oro del que cuelga una por una sus ondas musicales y en torno del cual arrolla su lienzo de perlas iluminado de alas.

Luego, el silencio renace, y aquel vasto tumulto, y aquel terrible velo que parecía urdido de innumerables cóleras, y aquella ensordecedora granizada de oro que, siempre en suspenso, resonaba sin cesar sobre todos los objetos de los alrededores, todo aquello se reduce después a un grueso racimo inofensivo y pacífico colgado de una rama de árbol y formado de millares de pequeñas bayas vivientes, pero inmóviles, que esperan con paciencia la vuelta de los exploradores que han ido en busca de un abrigo.

CAPÍTULO TREINTA

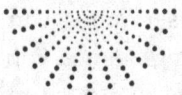

Es la primera etapa del enjambre, que llaman el «enjambre primario», al frente del cual se encuentra siempre la vieja reina. Habitualmente se posa sobre el árbol o el arbusto más próximo al colmenar, porque la reina, con el peso de los huevos y no habiendo vuelto a ver la luz desde su vuelo nupcial o desde la enjambrazón del año precedente, aún no se atreve a lanzarse en el espacio y parece haber olvidado el uso de sus alas.

El apicultor espera que la masa se haya aglomerado bien, y después, cubierta la cabeza con un ancho sombrero de paja (porque la abeja más inofensiva saca inevitablemente el aguijón cuando se enreda entre los cabellos, donde se cree cogida en un lazo), pero sin máscara ni velo, si tiene experiencia, y después de haber metido en agua fría sus brazos hasta el codo, recoge el enjambre sacudiendo vigorosamente sobre una colmena boca arriba la rama que lo sostiene. El racimo cae pesadamente en ella como un fruto maduro. O bien, si la rama es demasiado fuerte, coge del montón masas de abejas con una cuchara y distribuye donde quiera las cucharadas vivientes, como haría con puñados de trigo. No tiene nada que temer de las abejas que zumban en torno de él, cubriendo sus manos y su cara. Escucha su canto de embriagadora alegría que no se parece a su canto de cólera. No tiene que temer que el enjambre se divida, se irrite, se disipe o se escape. Ya lo he dicho: en ese día las misteriosas obreras se hallan poseídas de un espíritu de fiesta y de confianza que nada puede alterar. Se han desprendido de los bienes que tenían que defender y ya no reconocen a sus enemigos. Son inofensivas a fuerza de ser felices y son felices sin que se sepa por qué: cumplen la ley. Todos los seres tienen así un momento de ciega felicidad que la Naturaleza les reserva cuando quiere llegar a sus fines. No nos asombremos de que las abejas se dejen engañar también de igual modo; nosotros mismos, después de tantos siglos que hace que las observamos con ayuda de un cerebro más perfecto que el suyo, nos engañamos con frecuencia en su estudio y aún ignoramos si son benévolas, indiferentes o bajamente crueles.

El enjambre permanecerá donde ha ido a parar la reina, y aunque haya caído sola en la colmena, una vez señalada su presencia, todas las abejas, en largas hileras negras, dirigirán sus pasos hacia el retiro materno, y, mientras la mayor parte penetra allí apresuradamente, una multitud de otras, deteniéndose un instante en los umbrales de las puertas desconocidas, formará los círculos de solemne alegría con que acostumbran saludar los acontecimientos felices: «tocan llamada», según la expresión de los campesinos. En el acto el inesperado abrigo es aceptado y explorado en sus más pequeños rincones; su posición en el colmenar, su forma, su color son reconocidos e inscritos en millares de pequeñas memorias prudentes y fieles. Los puntos de mira de los alrededores por que habrán de guiarse son cuidadosamente observados; la nueva colmena existe ya enteramente en el fondo de sus animosas imaginaciones, y su puesto está marcado en el espíritu y el corazón de todos sus habitantes; se oye resonar dentro de sus muros el himno de amor de la presencia real, y el trabajo empieza.

CAPÍTULO TREINTA Y UNO

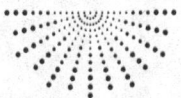

Si el hombre no lo recoge, la historia del enjambre no concluye aquí. Permanece suspendido de la rama hasta el regreso de las obreras exploradoras, que, desde los primeros minutos de la enjambrazón, se han dispersado en todas direcciones en busca de alojamiento. Una tras otra vuelven y dan cuenta de su misión, y, puesto que nos es imposible penetrar el pensamiento de las abejas, es necesario que interpretemos humanamente el espectáculo a que asistimos. Es, pues, probable que se escuche atentamente sus informes. La una preconiza un árbol hueco, otra pondera las ventajas de una rendija en un viejo paredón, de una cavidad en una gruta o de una madriguera abandonada. Sucede a menudo que la asamblea vacila y delibera hasta la mañana siguiente. Por fin se elige y el acuerdo se establece. En un momento todo el racimo se agita, se disgrega, se esparce y con un vuelo impetuoso y sostenido, que esta vez ya no conoce obstáculo alguno, por encima de los setos, de las mieses, de los campos de lino, de las pilas de heno o de paja, de los estanques, de las aldeas y de los ríos, la nube vibrante se dirige en línea recta hacia un punto determinado y siempre muy remoto. Es raro que el hombre pueda seguirla en esta segunda etapa. El enjambre retorna a la Naturaleza y perdemos la huella de su destino.

LIBRO TERCERO : LA FUNDACIÓN DE LA COLMENA

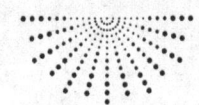

CAPÍTULO UNO

Sepamos más bien lo que hace en la colmena ofrecida por el apicultor el enjambre que ha recogido. Recordemos desde luego el sacrificio que han hecho las cincuenta mil vírgenes, que, según la frase de Ronsard, «llevan un gentil corazón en un pequeño cuerpo», y admiremos una vez más el valor que necesitan para volver a empezar la vida en el desierto en que han venido a parar. Han olvidado la colmena opulenta y magnífica en que nacieron, en que la existencia era tan segura y estaba tan admirablemente organizada, en que el jugo de todas las flores que se acuerdan del sol permitía sonreír a las amenazas del invierno. Han dejado allí, dormidas en el fondo de sus cunas, millares y millares de hijas a quienes no volverán a ver. Han abandonado allí, además del enorme tesoro de cera, de propóleos y de polen acumulado por ellas, más de ciento veinte libras de miel, es decir, doce veces el peso del pueblo entero, cerca de cien mil veces el peso de cada abeja, lo que representa para el hombre ochenta y dos mil toneladas de víveres, toda una flotilla de grandes buques cargados de alimentos más preciosos y más perfectos que ninguno de los que conocemos, pues la miel es para las abejas una especie de vida líquida, una especie de quilo inmediatamente asimilable y casi sin desperdicio.

Aquí, en la nueva morada, no hay nada: ni una gota de miel, ni un jalón de cera, ni un punto de mira, ni un punto de apoyo. Es la desnudez desolada de un monumento inmenso que no tiene más que el techo y los muros. Las paredes, circulares y lisas, no encierran más que sombra, y en lo alto de la bóveda monstruosa se redondea el vacío. Pero la abeja no conoce los pesares inútiles; en todo caso, no se entrega a ellos. Su ardor, lejos de ser abatido por una prueba que superaría a todo otro valor, es mayor que nunca. Apenas colocada la colmena en su sitio, apenas comienza a calmarse el desconcierto de la tumultuosa caída, cuando se ve operar en la mezclada multitud una división marcadísima y totalmente inesperada. La mayor parte de las abejas, como un ejército que obedece a una orden precisa, se pone a trepar en espesas columnas a lo largo de las paredes verticales del monumento. Al llegar a la cúpula, las primeras que la alcanzan se agarran a ella con las uñas de sus patas anteriores; las que vienen después se agarran a las primeras, y así sucesivamente, hasta que hayan formado largas cadenas que sirven de puente a la multitud que sube siempre. Poco a poco, estas cadenas se multiplican, se refuerzan y se enlazan hasta el infinito, formando guirnaldas que, bajo la ascensión innumerable y continua, se transforman a su vez en una cortina espesa y triangular o más bien en una especie de cono compacto e invertido cuya punta se fija en la parte superior de la cúpula y cuya base baja ensanchándose hasta la mitad o las dos terceras partes de la altura total de la colmena. Entonces, cuando la última abeja que se siente llamada por una voz interior a formar parte de este grupo llega a la cortina suspendida en las tinieblas, la ascensión tiene fin, todo movimiento cesa poco a poco en la bóveda y el extraño cono invertido espera durante largas horas, en un silencio que podríamos creer religioso y en una inmovilidad que parece espantosa, la llegada del misterio de la cera.

Mientras tanto, sin preocuparse de la formación de la maravillosa cortina en cuyos pliegues va a bajar un don mágico, sin parecer tentadas de unirse a ella, las demás abejas, es decir, todas las que se han quedado en la planta baja de la colmena, examinan el edificio y emprenden los trabajos necesarios.

El suelo es cuidadosamente barrido y las hojas secas, las briznas de hierba, los granos de arena son transportados lejos, uno por uno, porque la limpieza de las abejas va hasta la manía, y cuando, en el corazón del invierno, los grandes fríos les impiden durante demasiado tiempo efectuar lo que se llama en apicultura «su vuelo de limpieza», antes que ensuciar la colmena, perecen en masa, víctimas de terribles enfermedades extrañas.

Sólo los zánganos son incorregiblemente descuidados y llenan impúdicamente de excremento los panales que frecuentan y que las obreras tienen que limpiar continuamente tras ellos.

Después del barrido, las abejas del mismo grupo profano, del grupo que no interviene en el cono suspendido en una especie de éxtasis, se pone a revestir minuciosamente de luten el circuito inferior de la morada común.

Luego pasan revista a todas las rendijas, las llenan y recubren de propóleo y proceden al barnizado de las paredes del edificio, de arriba abajo. La guardia de la entrada es reorganizada y en seguida cierto número de obreras va a los campos, de donde vuelven cargadas de néctar y de polen.

CAPÍTULO DOS

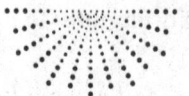

Antes de levantar los pliegues de la misteriosa cortina al abrigo de la cual se asientan los fundamentos de la verdadera morada, procuremos darnos cuenta de la inteligencia que deberá desplegar nuestro pequeño pueblo de emigrados, del golpe de vista certero, de los cálculos y de la industria necesarios para apropiar el asilo, para trazar en el vacío los planos de los edificios que se trata de levantar de la manera más económica y rápida posible, porque la reina, en la urgente necesidad de aovar, pone ya huevos por el suelo. Es preciso, además, en ese dédalo de construcciones diversas, todavía imaginarias y cuya forma es necesariamente inusitada, no perder de vista las leyes de la ventilación, de la estabilidad, de la solidez, considerar la resistencia de la cera, la naturaleza de los víveres que hay que almacenar, la comodidad de las entradas, las costumbres de la soberana, la distribución en cierto modo preestablecida, porque es orgánicamente la mejor, de los depósitos, de las casas, de las calles y de los pasajes y otros muchos problemas que sería demasiado largo enumerar.

La forma de las colmenas que el hombre ofrece a las abejas varía hasta el infinito, desde el árbol hueco o el cilindro de barro cocido, todavía en uso en África y en Asia, pasando por la clásica campana de paja que se encuentra en medio de una espesura de girasoles, de floxias y de malvarrosas, debajo de las ventanas o en el huerto de la mayor parte de nuestras granjas, hasta las verdaderas fábricas de la apicultura movilista de hoy, en que se acumulan a veces más de ciento cincuenta kilos de miel contenidos en tres o cuatro pisos de panales superpuestos y rodeados de un marco que permite quitarlos, manejarlos, extraer de ellos la cosecha por medio de la fuerza centrífuga, con ayuda de una turbina, y volver a ponerlos en su sitio, como se haría con el libro en una biblioteca bien ordenada.

El capricho o la industria del hombre introduce un día el enjambre dócil en una u otra de esas habitaciones desconcertadoras, y la abeja tiene que orientarse e instalarse en ella, modificar planos que la fuerza de las cosas quiere, por decirlo así, inmutables; determinar en ese espacio insólito la situación de los almacenes de invierno que no pueden pasar de la zona de calor producido por la población medio entumecida; prever, en fin, el punto en que se concentrarán los panales de la nidada, cuyo emplazamiento, so pena de desastre, debe ser casi invariable, ni demasiado alto, ni demasiado bajo, ni demasiado cerca, ni demasiado lejos de la puerta. Sale, por ejemplo, de un tronco de árbol derribado que no formaba más que una larga galería horizontal, estrecha y baja, y hela aquí en un edificio elevado como una torre y cuyo techo se pierde en las tinieblas. O bien, para acercarnos más a su asombro ordinario, se había acostumbrado, desde hacía siglos, a vivir bajo la cúpula de paja de nuestras colmenas campestres, y se instala de pronto en una especie de gran armario o de gran cofre, tres o cuatro veces más vasto que la casa natal y en medio de una confusión de marcos suspendidos unos encima de otros, ora paralelos, ora perpendiculares, a la entrada, y formando un laberinto de andamiajes que enredan todas las superficies de su morada.

CAPÍTULO TRES

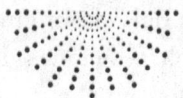

No importa, pues no se tiene ejemplo de que un enjambre se haya negado a emprender el trabajo, se haya dejado desalentar o desconcertar por lo extraño de las circunstancias, con tal que la habitación que se le ofrecía no estuviese impregnada de malos olores o fuese realmente inhabitable. Aun en este caso, no es cuestión de desaliento, desesperación o abandono del deber. Abandona simplemente el recinto inhospitalario para ir a buscar mejor fortuna un poco más lejos. No puede decirse tampoco que se haya conseguido jamás hacerle ejecutar un trabajo pueril o ilógico. No se ha visto nunca que las abejas hayan perdido la cabeza ni que, no sabiendo qué partido tomar, hayan emprendido al azar construcciones locas o extravagantes. Metedlas en una esfera, en un cubo, en una pirámide o en un cesto ovalado o poligonal, en un cilindro o en una espiral; visitadlas al cabo de unos días, si han aceptado la morada, y veréis que esa extraña multitud de pequeñas inteligencias independientes ha sabido ponerse inmediatamente de acuerdo para elegir sin vacilar, con un método cuyos principios parecen inflexibles, pero cuyas consecuencias son vivas, el punto más propicio y a menudo el único sitio utilizable del habitáculo absurdo.

Si se las instala en una de esas grandes fábricas con marcos de que hablábamos hace poco, sólo utilizan esos marcos cuando les proporcionan un punto de partida o punto de apoyo cómodos para sus panales, y es muy natural que no tengan en cuenta ni los deseos ni las intenciones del hombre. Pero si el apicultor ha cuidado de cubrir con una capa de cera la planchuela superior de algunos de ellos, las abejas se harán cargo inmediatamente de las ventajas que les ofrece ese trabajo empezado, estirarán cuidadosamente la capa y prolongarán metódicamente con su propia cera el panal en el plano indicado. De igual manera —y el caso es frecuente en la apicultura intensiva de hoy—, si todos los marcos de la colmena en que se ha recogido el enjambre se hallan provistos, de arriba abajo, de capas de cera alveolada, no perderán el tiempo en construir al lado o al través, en producir cera inútil, sino que, encontrando el trabajo empezado, se contentarán con ahondar y alargar cada uno de los alvéolos esbozados en la capa, rectificando a medida los puntos en que ésta se aparta de la vertical más rigurosa, y de esta manera poseerán en menos de una semana una colmena tan lujosa y tan bien construida como la que acaban de dejar, mientras que, abandonadas a sus propios recursos, hubieran necesitado dos o tres meses para edificar la misma profusión de almacenes y de casas de blanca cera.

CAPÍTULO CUATRO

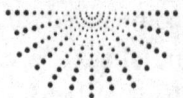

P arece que ese espíritu de apropiación excede singularmente los límites del instinto. Por lo demás, nada hay tan arbitrario como esas distinciones entre el instinto y la inteligencia propiamente dicha. *Sir* John Lubbock, que ha hecho sobre las hormigas, las avispas y las abejas observaciones tan personales y curiosas, tiene una gran predilección, quizás inconsciente y algo injusta, por las hormigas, que ha observado de una manera más especial — porque cada observador quiere que el insecto que él estudia sea más inteligente o más notable que los demás y conviene precaverse contra ese pequeño defecto del amor propio—; *Sir* John Lubbock, digo, se inclina a negar a la abeja todo discernimiento que sale de la rutina de sus trabajos habituales. Da como prueba de ello una experiencia que cada cual puede fácilmente repetir. Meted en una garrafa media docena de moscas, y media docena de abejas; colocad luego horizontalmente la garrafa con el fondo hacia la ventana de la habitación; las abejas se empeñarán, durante horas, hasta morir de fatiga o de inanición, en buscar una salida a través del fondo del cristal, mientras que las moscas, en menos de dos minutos, habrán salido todas en el sentido opuesto por el cuello de la botella. *Sir* John Lubbock deduce de esto que la inteligencia de la abeja es en extremo limitada y que la mosca es mucho más hábil en salir del paso y encontrar el camino. Esta conclusión no parece irreprochable. Volved alternativamente hacia la luz, veinte veces seguidas si queréis, ora el fondo, ora el cuello de la esfera transparente, y veinte veces seguidas las abejas se volverán al mismo tiempo para hacer frente a la luz. Lo que las pierde en la experiencia del sabio inglés es su amor a la luz y es su razón misma. Se imaginan, evidentemente, que en toda prisión el rescate está por la parte de la claridad más viva, obran en consecuencia y se obstinan en obrar con demasiada lógica. No han tenido nunca conocimiento de ese misterio sobrenatural que para ellas representa el vidrio, esa atmósfera súbitamente impenetrable que no existe en la Naturaleza, y el obstáculo y el misterio deben de serles tanto más inadmisibles, tanto más incomprensibles, cuanto más inteligentes son. Al paso que las moscas aturdidas, sin seso, sin tener cuenta de la lógica, del llamamiento de la luz, del enigma del cristal, revolotean al azar en el globo y, encontrando aquí la buena suerte de los simples, que a veces se salvan donde perecen los más sabios, acaban necesariamente por encontrar a su paso el buen cuello que las salva.

CAPÍTULO CINCO

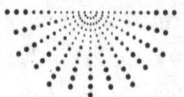

El mismo naturalista da otra prueba de la falta de inteligencia de las abejas, y la encuentra en la siguiente página del gran apicultor americano, el venerable y paternal Langstroth:

«Como la mosca no ha sido llamada a vivir sobre las flores sino sobre las sustancias en las cuales se podría ahogar fácilmente, se posa con precaución en el borde de los vasos que contienen un alimento líquido, y bebe en ellos con prudencia, mientras que la pobre abeja se tira de cabeza y no tarda en perecer. El funesto destino de sus hermanas no detiene un solo instante a las demás cuando se acercaban a su vez al cebo, pues se posan como locas sobre los cadáveres y sobre las moribundas para compartir su triste suerte. Nadie puede imaginarse la extensión de su locura si no ha visto una confitería invadida por miríadas de abejas famélicas. Yo he visto sacarlas a millares de los jarabes en que se habían ahogado, y posaron a millares también sobre el azúcar en ebullición; he visto el suelo cubierto y las ventanas oscurecidas por las abejas: unas arrastrándose, otras volando y otras, en fin, tan completamente enviscadas que no podían arrastrarse ni volar; ni de cada diez una era capaz de llevar a la colmena el botín mal adquirido y, sin embargo, el aire estaba lleno de nuevas legiones que llegaban para proceder con igual insensatez».

Esto no es más concluyente de lo que sería para un observador suprahumano que quisiese fijar los límites de nuestra inteligencia, la vista de los estragos del alcoholismo o de un campo de batalla. Menos quizá. La situación de la abeja, si se la compara con la nuestra, es extraña en este mundo. Ha sido puesta en él para vivir en la naturaleza indiferente e inconsciente y no al lado de un ser extraordinario que trastorna alrededor de ellas las leyes más constantes y crea fenómenos grandiosos e incomprensibles. En el orden natural, en la existencia monótona del monte natal, el loco atolondramiento descrito por Langstroth no sería posible sino en el caso de que algún accidente rompiese una colmena llena de miel. Pero entonces no habría allí ni ventanas mortales, ni azúcar hirviendo, ni jarabe demasiado espeso; por consiguiente, los muertos no serían muchos y no habría más peligros que los que corre todo animal persiguiendo su presa.

¿Conservaríamos mejor que ellas nuestra sangre fría si un poder insólito tentase a cada instante nuestra razón? Nos es, pues, muy difícil juzgar a las abejas, a las cuales nosotros mismos enloquecemos y cuya inteligencia no ha sido armada para descubrir nuestros lazos, del mismo modo que la nuestra no parece armada para evitar los de un ser superior hoy desconocido, pero posible, sin embargo. No conociendo nada que nos domine, deducimos que ocupamos la cúspide de la vida en la tierra; pero, después de todo, eso no es indiscutible. No quiero creer que, cuando hacemos cosas desordenadas o miserables, caemos en los lazos de un genio superior; pero nada tiene de inverosímil que esto parezca cierto algún día. Por otra parte, no se puede sostener razonablemente que las abejas están desprovistas de inteligencia porque aún no han llegado a distinguirnos del orangután o del oso, y nos tratan como tratarían a esos ingenuos habitantes del bosque primitivo. No cabe duda que hay en nosotros y en torno de nosotros influencias y poderes igualmente desemejantes que no discernimos mejor.

En fin, para terminar esta apología, en que incurro un poco en la falta que reprochaba a *Sir* John Lubbock, ¿no es preciso ser inteligente, para ser capaz de cometer tan grandes locuras? Siempre sucede así en ese terreno incierto de la inteligencia, que es el estado más precario y más vacilante de la materia. En la misma claridad de la inteligencia está la pasión, de la cual no es posible decir con certeza si es el humo o la mecha de la llama. Y aquí la pasión de las abejas es bastante noble para excusar las vacilaciones de la inteligencia. Lo que las arrastra a esa imprudencia no es el afán bestial de hartarse de miel. Podrían hacerlo cómodamente en las bodegas de su morada. Observadlas, seguidlas en una circunstancia análoga, y las veréis, una vez lleno el papo, regresar a la colmena y depositar en ella el botín, para volver treinta veces en una hora a la maravillosa vendimia. Es, pues, el mismo deseo que realiza tantas obras admirables: el afán de llevar los bienes posibles a la casa de sus hermanas y del porvenir. Cuando las locuras de los hombres tienen una causa tan desinteresada, les damos a menudo otro nombre.

CAPÍTULO SEIS

Sin embargo, hay que decir toda la verdad. En medio de los prodigios de su industria, de su policía y de sus renunciamientos, una cosa nos sorprenderá siempre e interrumpirá nuestra admiración: su indiferencia por la muerte o por la desgracia de sus compañeras. Hay en el carácter de la abeja una contradicción o inconsecuencia muy extraña. En el seno de la colmena todas se aman y se ayudan mutuamente. Se hallan tan unidas como los buenos pensamientos de una misma alma. Si herís a una, mil se sacrificarán para vengar su injuria. Fuera de la colmena ya no se conocen. Mutilad, aplastad —mejor dicho, guardaos bien de hacerlo, sería una crueldad inútil, porque el hecho es constante—; pero, en fin, supongamos que mutiláis, que aplastáis sobre un panal colocado a pocos pasos de su morada, diez, veinte o treinta abejas salidas de la misma colmena; las que no hayáis tocado no volverán la cabeza y seguirán libando por medio de su lengua, fantástica como una arma china, el líquido que es para ellas más precioso que la vida, sin hacer caso de las agonías cuyas últimas convulsiones las rozan, ni de los gritos de angustia que se dan en torno de ellas. Y cuando el panal esté vacío, para que nada se pierda, para recoger la miel pegada a las víctimas, subirán tranquilamente sobre las muertas y sobre las heridas, sin que las emocione la presencia de las unas y sin pensar en socorrer a las otras. No tienen, pues, en este caso, ni la noción del peligro que corren, puesto que la muerte que se esparce en torno de ellas no las impresiona, ni el menor sentimiento de solidaridad o de piedad.

En cuanto al peligro, ello se explica; la abeja no conoce el miedo y no hay nada que la espante, excepto el humo. Al salir de la colmena, aspira, al mismo tiempo que el aire, la longanimidad y la condescendencia. Se aparta delante del que la estorba, simula ignorar la existencia del que no la aprieta demasiado. Diríase que sabe que existe un universo que pertenece a todos, en que cada cual tiene derecho a su puesto, en que conviene ser discreto y pacífico. Pero bajo esa indulgencia se oculta pacíficamente un corazón tan seguro de sí que no cuida de afirmarse. Se desvía si alguien la amenaza, pero no huye jamás. Por otra parte, en la colmena, no se limita a esa pasiva ignorancia del peligro. Arremete con inaudita impetuosidad contra todo ser viviente, hormiga, león u hombre, que se atreva a tocar el arca santa. Llamemos a eso, según nuestra disposición de espíritu, cólera, encarnizamiento estúpido o heroísmo.

Pero sobre su falta de solidaridad fuera de la colmena y hasta de simpatía en la colmena misma, no hay nada que decir. ¿Hemos de creer que hay esos límites imprevistos en toda especie de inteligencia y que la pequeña llama que emana a duras penas de un cerebro, a través de la difícil combustión de tantas materias inertes, es siempre tan incierta que no ilumina mejor un punto sino en detrimento de muchos otros? Se puede estimar que la abeja o que la Naturaleza en la abeja ha organizado de un modo más perfecto que en ninguna otra parte el trabajo en común, el culto y el amor al porvenir. ¿Pierden, por esta razón, de vista todo lo demás? Ellas aman lo futuro, y nosotros, sobre todo, lo presente, lo que nos rodea. Quizá basta amar aquí para no tener que amar allá. Nada más variable que la dirección de la caridad o de la piedad. A nosotros mismos esa insensibilidad de las abejas nos hubiera chocado menos antiguamente que hoy día, y a muchos antiguos no se les hubiera ocurrido reprochársela. Por lo demás, ¿podemos prever todos los asombros de un ser que nos observase como nosotros las observamos a ellas?

CAPÍTULO SIETE

Faltaría examinar, para formarnos una idea más clara de su inteligencia, de qué manera se comunican entre sí. Es cosa manifiesta que se entienden y que una república tan numerosa y cuyos trabajos son tan variados y se conciertan de una manera tan maravillosa no podría subsistir en el silencio ni en el aislamiento espiritual de tantos millares de seres. Deben de tener, pues, la facultad de expresar sus ideas o sus sentimientos, ya por medio de un vocabulario fonético, ya —y esto es lo más probable— mediante una especie de lenguaje táctil o de una intuición magnética que responde quizás a sentidos o propiedades de la materia que nos son totalmente desconocidos, intuición cuya residencia podría encontrarse en esas misteriosas antenas que palpan y comprenden las tinieblas y que, según los cálculos de Cheshire, se componen, en las obreras, de doce mil pelos táctiles y cinco mil cavidades olfativas. Lo que prueba que no solamente se entienden sobre sus trabajos habituales, sino que lo extraordinario tiene igualmente un nombre y un puesto en su lengua; es la manera con que una noticia, buena o mala, habitual o poco común, se difunde por la colmena; la pérdida o la vuelta de la madre, la caída de un panal, la entrada de un enemigo, la intrusión de una reina extranjera, la proximidad de una partida de merodeadores, el descubrimiento de un tesoro, etcétera. A cada uno de estos acontecimientos, la actitud y el murmullo de las abejas son tan diferentes, tan característicos, que el apicultor experimentado adivina fácilmente lo que pasa en la sombra alarmada de la multitud.

Si queréis una prueba más precisa, observad una abeja que acaba de encontrar algunas gotas de miel esparcidas sobre el pretil de vuestra ventana o sobre una esquina de vuestra mesa. Desde luego se hartará con tal avidez que podréis, con calma y sin temor de distraerla, marcarle el coselete con una pequeña mancha de pintura. Pero esa glotonería no es más que aparente. Esa miel no pasa al estómago propiamente dicho, a lo que deberíamos llamar su estómago personal; se queda en el papo, el primer estómago, que es, por decirlo así, el estómago de la comunidad. Tan pronto como haya llenado este depósito, la abeja se alejará, pero no directa y aturdidamente como haría una mariposa o una mosca. Al contrario, la veréis volar algunos instantes hacia atrás, en un ir y venir atento, en el hueco de la ventana o en torno de vuestra mesa, con la faz vuelta hacia la habitación.

Practica un reconocimiento del lugar y fija en su memoria la posición exacta del tesoro. Luego se va a la colmena, deja allí su botín en una de las celdas del depósito, para volver tres o cuatro minutos después por una nueva carga a la ventana providencial. De cinco en cinco minutos, mientras haya miel, hasta la noche si es preciso, sin interrupción, sin darse un momento de reposo, viajará constantemente una y otra vez de la ventana a la colmena y de la colmena a la ventana.

CAPÍTULO OCHO

No quiero adornar la verdad, como han hecho muchos que han escrito sobre las abejas. Las observaciones de este género no ofrecen interés si no son absolutamente sinceras. Si hubiese reconocido que las abejas son incapaces de comunicarse un acontecimiento exterior, hubiera podido encontrar, en cambio de esa pequeña decepción, algún placer en hacer constar una vez más que el hombre es, después de todo, el único ser realmente inteligente que habita nuestro Globo. Además, cuando se ha llegado a cierto punto de la vida, se experimenta más placer en decir cosas verdaderas que cosas impresionantes. Conviene aquí, como en toda circunstancia, atenerse a este principio: si la verdad desnuda parece de pronto menos grande, menos noble o menos interesante que el adorno imaginario con que se la podía vestir, la culpa es nuestra, porque aún no sabemos distinguir la relación siempre admirable que debe de tener con nuestro ser todavía ignorado y con las leyes del universo, y, en este caso, no es la verdad la que necesita ser enaltecida, sino nuestra inteligencia.

Confesaré, pues, que a menudo las abejas marcadas vuelven solas. Hemos de creer que hay entre ellas las mismas diferencias de carácter que entre los hombres, que las hay silenciosas y las hay habladoras. Alguien que asistía a mis experiencias sostenía que evidentemente por egoísmo o por vanidad muchas no querían revelar la fuente de su riqueza o compartir con alguna de sus amigas la gloria de un trabajo que la colmena debe de encontrar milagroso. Éstos son vicios muy feos que no despiden el buen olor, leal y franco, de la casa de las mil hermanas. Sea como fuere, sucede también a menudo que la abeja favorecida por la suerte vuelve a la miel acompañada de dos o tres colaboradoras. Sé que *Sir* John Lubbock, en el apéndice de su obra *Ants, Bees and Wasps* (*Hormigas, abejas y avispas*), traza largos y minuciosos cuadros de observaciones, de las cuales se puede deducir que casi nunca sigue otra abeja a la indicadora. Ignoro con qué clase de abejas trataba el sabio naturalista o si las circunstancias eran particularmente desfavorables. Para mí, consultando mis propias tablas, hechas con cuidado, y después de haber tomado todas las precauciones posibles a fin de que las abejas no fuesen directamente atraídas por el olor de la miel, resulta que, por término medio, de cada diez veces, cuatro una abeja traía otras.

Hasta encontré cierto día una extraordinaria abejita italiana que yo había marcado en el coselete con una mancha azul. Desde el segundo viaje llegó con dos de sus hermanas. Aprisioné a éstas sin turbarla. Partió de nuevo y reapareció con tres compañeras que aprisioné también, y así sucesivamente hasta la caída de la tarde. Contando luego mis cautivas, resultó que la descubridora había comunicado la noticia a dieciocho abejas.

En suma: si hacéis las mismas experiencias, reconoceréis que la comunicación, si no es regular, por lo menos es frecuente. En América, los cazadores de abejas conocen tanto esa facultad que la explotan cuando se trata de descubrir un nido. «Escogen —dice Mr. Josiah Emery (citado por Romanes en *l'Intelligence des animaux*, t. I, p. 117)—, escogen, para empezar sus operaciones, un campo o un bosque que esté lejos de toda colonia de abejas domesticadas. Una vez sobre el terreno, cogen algunas de las abejas que cosechan el néctar de las flores, las encierran en una caja de miel, y, cuando están hartas, las sueltan. Viene luego un momento de espera, cuya duración depende de la distancia a que se encuentra el árbol de las abejas; por fin, con paciencia, el cazador acaba siempre por ver a sus abejas que vuelven escoltadas de varias compañeras. Se apodera de ellas como antes, les da miel y las suelta cada una en la dirección que toma; el punto hacia el cual parecen converger le designa aproximadamente la situación del nido».

CAPÍTULO NUEVE

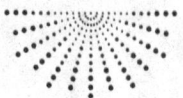

Observaréis también en vuestras experiencias que las amigas, que parecen obedecer a la consigna del hallazgo, no vuelan siempre juntas y que hay a menudo un intervalo de algunos segundos entre las diversas llegadas. Habría que plantear, pues, respecto a esas comunicaciones, la cuestión que *Sir* John Lubbock ha resuelto por lo que toca a las comunicaciones de las hormigas.

Las compañeras que vienen al tesoro descubierto por la primera abeja, ¿no hacen más que seguirla, o bien pueden ser enviadas al mismo por ésta y encontrarlo por sí siguiendo sus indicaciones y la descripción del lugar hecha por ella? Hay aquí desde el punto de vista de la extensión y del trabajo de la inteligencia una diferencia enorme. El sabio inglés, por medio de un aparato complicado e ingenioso de puentecillos, corredores, fosos llenos de agua y puentes colgantes, ha llegado a establecer que, en este caso, las hormigas siguen simplemente la pista del insecto indicador. Esas experiencias eran practicables con las hormigas, que puede uno hacer pasar por donde quiere; pero la abeja, que puede volar, tiene todas las vías abiertas. Habría, pues, necesidad de imaginar otro medio. He aquí uno que yo he empleado, que no me ha dado resultados decisivos, pero que, mejor organizado y en circunstancias más favorables, creo que proporcionaría certezas satisfactorias.

Mi gabinete de trabajo en el campo se encuentra en el primer piso, encima de un entresuelo. Fuera del bosque en que florecen los tilos y los castaños, las abejas tienen tan poca costumbre de volar a esa altura que durante más de una semana antes de la observación había yo dejado sobre la mesa un panal de miel desoperculado (es decir, con las celdas abiertas), sin que una sola fuese atraída por su perfume y viniese a visitarlo. Cogí, entonces, de una colmena provista de cristales y colocada no lejos de la casa, una abeja italiana. Me la llevé a mi gabinete, la puse sobre el panal de miel y la marqué mientras se regalaba.

Una vez repleta, tomó el vuelo, volvió a la colmena, y, habiéndola yo seguido, la vi apresurarse por la superficie de la multitud, meter la cabeza en una celda vacía, arrojar su miel y disponerse a salir. Yo la espiaba y la cogí cuando reapareció en el umbral. Repetí veinte veces seguidas la experiencia, eligiendo abejas diferentes y suprimiendo cada vez la «cebada», a fin de que las demás no pudiesen seguir la pista. Para hacerlo más cómodamente, había colocado a la puerta de la colmena una ceja de cristal, dividida, por una compuerta, en dos apartamentos. Si la abeja marcada salía sola, la aprisionaba simplemente, como había hecho con la primera, e iba a esperar en mi gabinete la llegada de las compañeras a quienes hubiese podido comunicar la noticia. Si salía acompañada de una o dos abejas, la retenía prisionera en el primer departamento de la caja, separándola así de sus amigas, y, después de haber marcado a éstas con otro color, las ponía en libertad, siguiéndolas con la vista. Es evidente que si hubiese habido comunicación verbal o magnética, comprendiendo la descripción del lugar, un método de orientación, etcétera, yo hubiera debido encontrar de nuevo en mi gabinete cierto número de aquellas abejas informadas. Debo reconocer que no vi venir más que una. ¿Siguió las indicaciones recibidas en la colmena? ¿Fue pura casualidad? La observación era insuficiente, pero las circunstancias no permitieron continuarla. Di libertad a las abejas «cebadas» y mi gabinete de trabajo no tardó en ser invadido por la zumbante multitud a la cual había enseñado, según su método habitual, el camino del tesoro[1].

---

1. Renové la experiencia en los primeros días de sol de esta ingrata primavera y me dio el mismo resultado negativo. Por otra parte, un apicultor amigo mío, observador muy hábil y muy sincero, a quien yo había sometido el problema, me escribe que

acaba de obtener, empleando el mismo procedimiento, cuatro comunicaciones irrecusables. El hecho necesita ser comprobado y la cuestión no está resuelta. Pero estoy convencido de que mi amigo se dejó inducir a error por su deseo, muy natural, de ver su experiencia coronada por el éxito.

CAPÍTULO DIEZ

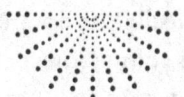

Sin sacar conclusión alguna definitiva de esa experiencia incompleta, otros muchos rasgos curiosos nos obligan a admitir que las abejas tienen entre sí relaciones espirituales de más alcance que un «sí» o un «no» o que esas comunicaciones elementales que un gesto o el ejemplo determinan. Podría citarse, entre otras, el armónico movimiento del trabajo en la colmena, la sorprendente división del trabajo mismo y la regularidad de los turnos. Por ejemplo, he observado a menudo que las recolectoras que yo había marcado por la mañana se ocupaban por la tarde —a menos de gran abundancia de flores— en calentar o abanicar la nidada o bien las descubría entre la multitud que forma esas misteriosas filas dormidas, en medio de las cuales trabajan las cereras y las escultoras. He observado también que las obreras a quienes veía recoger polen durante un día o dos no lo traían al día siguiente, sino que salían tan sólo en busca de néctar, y recíprocamente.

Se podría citar aún, respecto a la división del trabajo, lo que el célebre apicultor francés Georges de Layens llama «la distribución de las abejas sobre las plantas melíferas». Cada día, desde la primera hora de sol, inmediatamente después del regreso de las exploradoras de la aurora, la colmena que despierta se entera de las buenas noticias de la tierra: «Hoy florecen los tilos que bordean el canal», «el trébol blanco salpica la hierba de los caminos», «el melitoto y la salvia de los prados van a florecer», «las azucenas y las resedas chorrean polen».

Hay que organizarse sin pérdida de momento, tomar medidas, repartir el trabajo. Cinco mil de las más robustas irán hasta los tilos; tres mil de las más jóvenes animarán el trébol blanco. Éstas aspiraban ayer el néctar de las corolas; hoy, para dar reposo a su lengua y a las glándulas de su papo, irán a recoger el polen encarnado de la reseda; aquéllas el polen amarillo de los lirios, pues nunca veréis una abeja cosechar o mezclar polen de colores o especies diferentes, y el surtido metódico de los almacenes, según los matices y el origen de la bella harina perfumada, es una de las grandes preocupaciones de la colmena. Así son distribuidas las órdenes por el genio oculto. En seguida las trabajadoras salen en largas filas y cada una de ellas vuela en derechura a su tarea. «Parece —dice Layens— que las abejas están perfectamente enteradas sobre la localidad, el valor melífero relativo y la distancia de todas las plantas que se encuentran en cierto radio alrededor de la colmena.

»Si se siguen con cuidado las varias direcciones que toman las recolectoras, y se va a observar la cosecha de las abejas sobre las diversas plantas de las inmediaciones, se ve que las obreras se distribuyen sobre las flores proporcionalmente al número de las plantas de una misma especie y a su riqueza melífera. Es más: las mismas obreras estiman cada día el valor del mejor líquido dulce que pueden cosechar.

»Si, por ejemplo, en la primavera, después del florecimiento de los sauces, en el momento en que aún nada ha florecido en los campos, las abejas casi no tienen más recurso que las primeras flores de los bosques, se las puede ver visitar activamente las anémonas, las pulmonarias, los juncos y las violetas. Algunos días después, si florecen campos de coles o de colza en gran número, veremos a las abejas abandonar completamente la visita de las plantas de los bosques todavía en plena floración para consagrarse a la visita de las flores de col o de colza.

»Cada día arreglan así su distribución sobre las plantas, a fin de cosechar el mejor líquido dulce en el menor tiempo posible.

»Se puede decir, pues, que la colonia de abejas, tanto en sus trabajos de cosecha como en el interior de la colmena, sabe establecer una distribución racional del número de obreras, sin dejar de aplicar el principio de una división del trabajo».

CAPÍTULO ONCE

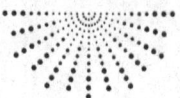

Pero se dirá: «¿Qué nos importa que las abejas sean más o menos inteligentes? ¿Por qué pesar así, con tanto cuidado, una pequeña huella de materia casi invisible, como si se tratase de un fluido del cual dependieran los destinos del hombre?». Sin exagerar nada, creo que el interés que tenemos en ello es de los más apreciables. El encontrar fuera de nosotros una marca real de inteligencia nos causa una emoción parecida a la de Robinson descubriendo la huella de un pie humano en la arena de su isla. Parece que no estamos tan solos como creíamos estar. Cuando tratamos de darnos cuenta de la inteligencia de las abejas, estudiamos en ellas, en definitiva, lo más precioso de nuestra sustancia, un átomo de esa materia extraordinaria que tiene la propiedad magnífica de transfigurar las necesidades ciegas, de organizar, embellecer y multiplicar la vida, de tener en suspenso, de una manera más impresionable, la obstinada fuerza de la muerte y la gran ola inconsiderada que arrolla casi todo lo que existe en una inconsciencia eterna.

Si fuésemos los únicos en poseer y mantener una partícula de materia en ese estado particular de floración de incandescencia que llamamos inteligencia, tendríamos algún derecho a creernos privilegiados, a imaginarnos que la Naturaleza alcanza en nosotros una especie de fin; pero hay toda una categoría de seres, los himenópteros en que alcanza casi un fin idéntico. Esto, si se quiere, no resuelve nada; mas no por eso el hecho deja de ocupar un honroso puesto entre la multitud de pequeños hechos que contribuyen a ver clara nuestra situación en la tierra. Hay ahí, desde cierto punto de vista, una contraprueba de la parte más indescifrable de nuestro ser; hay ahí superposiciones de destinos que dominamos desde un punto más elevado que ninguno de los que alcanzaremos para contemplar los destinos del hombre. Hay ahí, en pequeño, grandes y simples líneas que nunca tenemos ocasión de aclarar ni de seguir hasta el fin de nuestra esfera desmedida. Hay ahí el espíritu y la materia, la especie y el individuo, la evolución y la permanencia, el pasado y el porvenir, la vida y la muerte, acumulados en un recinto que nuestra mano levanta y que abarcamos de una mirada, y se puede preguntar si la fuerza de los cuerpos y el puesto que ocupan en el tiempo y el espacio modifican tanto como creemos la idea secreta de la Naturaleza, que procuramos descubrir en la historia de la colmena secular en algunos días, como en la grande historia de los hombres, de los cuales tres generaciones llenan más de un siglo.

CAPÍTULO DOCE

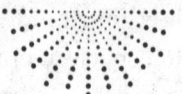

Volvamos, pues, a la historia de nuestra colmena donde la hemos dejado, para descorrer en lo posible uno de los pliegues de la cortina de guirnaldas en medio del cual el enjambre empieza a experimentar ese extraño sudor casi tan blanco como la nieve y más ligero que el pulmón de un ala. Porque la cera que hace no se parece a la que todos conocemos; es inmaculada, imponderable; parece verdaderamente el alma de la miel, que es, a su vez, el espíritu de las flores, evocada en un encantamiento inmóvil, para convertirse más tarde en nuestras manos, como recuerdo, sin duda, de su origen, en que hay tanto azul celeste, tantos perfumes, tanto espacio cristalizado, tantos rayos sublimados, tanta pureza y tanta magnificencia, en la fragante luz de nuestros últimos altares.

CAPÍTULO TRECE

Es muy difícil seguir las diversas fases de la secreción y del empleo de la cera en un enjambre que empieza a edificar. Todo pasa en el fondo de la multitud, cuya aglomeración, cada vez más densa, debe producir la temperatura favorable para esa exudación que es el privilegio de las abejas más jóvenes. Huber, que fue el primero que las estudió con una paciencia increíble y a costa de peligros a veces serios, consagra a esos fenómenos más de doscientas cincuenta páginas interesantes, pero necesariamente confusas. Yo, que no hago una obra técnica, me limitaré, sirviéndome si es preciso de lo que él ha observado tan bien, a referir lo que puede ver todo aquel que recoja un enjambre de una colmena provista de cristales.

Confesemos desde luego que aún no se sabe por qué alquimia la miel se transforma en cera en el cuerpo lleno de enigmas de nuestras abejas colgantes. Se nota solamente que, al cabo de dieciocho a veinticuatro horas de espera, a una temperatura tan elevada que diríase que arde una llama en el hueco de la colmena, aparecen escamas blancas y transparentes en la abertura de cuatro bolsillos situados a cada lado del abdomen de la abeja.

Cuando la mayor parte de las que forman el cono invertido tienen así el vientre galonado de laminitas de marfil, se ve de pronto a una de ellas, como tocada de una súbita inspiración, desprenderse de la masa, trepar rápidamente por la multitud pasiva, hasta la cima interior de la cúpula, a la cual se agarra sólidamente, apartando a topetazos a las vecinas que la estorban para sus movimientos. Coge con las patas y la boca una de las ocho placas de su vientre, la rasca, la cepilla, la ductiliza, la amasa con su saliva, la dobla y vuelve a enderezarla, la aplana y reforma con la habilidad de un carpintero que manejara una tabla maleable. Finalmente, cuando la sustancia así elaborada le parece tener las dimensiones y la consistencia necesarias, la pega en lo más alto del domo, colocando así la primera piedra, mejor dicho, la clave de la urbe nueva, porque se trata aquí de una ciudad invertida que baja del cielo, en vez de alzarse del seno de la tierra como las ciudades humanas.

Hecho esto, la arquitecto ajusta a la clave otros fragmentos de cera que va cogiendo de debajo de los anillos de sus tentáculos; da al conjunto un postrer repaso con la lengua y las antenas, y luego, tan bruscamente como vino, se retira y se pierde entre la multitud.

Inmediatamente otra la reemplaza, continúa el trabajo, añadiendo el suyo al empezado, rectifica lo que no parece conforme al plan ideal de la tribu, desaparece a su vez, mientras que una tercera, una cuarta, una quinta la suceden, en una serie de apariciones inspiradas y súbitas, sin que ninguna termine la obra, y aportando todas su parte a la labor unánime.

CAPÍTULO CATORCE

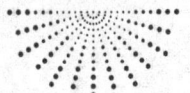

Un pequeño bloque de cera todavía informe pende entonces de lo más alto de la bóveda. Cuando parece bastante grande, se ve surgir del racimo otra abeja cuyo aspecto difiere considerablemente del de las fundadoras que la han precedido. Podría creerse, al ver la seguridad de su determinación y la expectación de las que la rodean, que es una especie de ingeniero iluminado que de pronto marca en el vacío el puesto que ha de ocupar la primera celda, de la cual dependerán matemáticamente las de todas las demás. En todo caso, esta abeja pertenece a la clase de las escultoras o cinceladoras que no producen cera y se contentan con labrar los materiales que les proporcionan. Escoge, pues, el emplazamiento de la primera celda, ahonda un momento en el bloque, acercando a los bordes que se elevan en torno de la cavidad la cera que quita el fondo. Luego, como hicieron las fundadoras, abandona de pronto su esbozo; una obrera impaciente la sustituye y continúa su obra que una tercera acabará, mientras otras empiezan en torno de ellas, según el mismo método de trabajo interrumpido y sucesivo, la labor del resto de la superficie y del lado opuesto de la pared de cera. Diríase que una ley esencial de la colmena divide en ella el orgullo de la tarea y que toda obra debe ser común y anónima para que sea más fraternal.

CAPÍTULO QUINCE

Pronto el naciente panal se adivina. Es aún lenticular, porque los pequeños tubos prismáticos que lo componen, desigualmente prolongados, se acortan en una degradación regular del centro a los extremos. En este momento tiene casi la apariencia y el grueso de una lengua humana formada en sus dos fases de celdas hexagonales, yuxtapuestas y adosadas.

Tan pronto como las primeras celdas están construidas, las fundadoras fijan en la bóveda un segundo, y, a medida que el trabajo avanza, un tercero y un cuarto bloques de cera. Estos bloques se escalonan a intervalos regulares y calculados, de manera que cuando los panales hayan adquirido toda su fuerza, lo cual no sucede sino mucho más tarde, las abejas tendrán siempre el espacio necesario para circular entre las paredes paralelas.

Es, pues, necesario que, en su plan, prevean el grueso definitivo de cada panal, que es de veintidós o veintitrés milímetros, y al mismo tiempo la anchura de las calles que los separan y que deben tener unos once milímetros de ancho, es decir, el doble de la altura de una abeja, puesto que tendrán que pasar por entre los panales dándose la espalda.

No son infalibles, sin embargo, y su certeza no parece maquinal. En circunstancias difíciles cometen a veces errores de bastante monta. En ocasiones hay demasiado espacio entre los panales, o demasiado poco; entonces lo remedian de la mejor manera que pueden, ora haciendo oblicuar el panal demasiado aproximado ora intercalando en el vacío demasiado grande un panal irregular. «Se equivocan a veces —dice a propósito de esto Réaumur—, y éste es otro de los rasgos que parecen probar que forman juicio».

CAPÍTULO DIECISÉIS

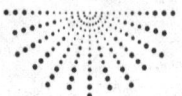

Sabido es que las abejas construyen cuatro tipos de celdas: las reales, que son excepcionales y se parecen a una bellota; las grandes, reservadas a la cría de los zánganos y al almacenaje de provisiones cuando hay superabundancia de flores; las pequeñas, que sirven de cuna a las obreras y de almacenes ordinarios y suelen ocupar las ocho décimas partes de la superficie edificada de la colmena, y, por último, las de transición, en número suficiente para unir sin desorden las grandes a las pequeñas. Aparte de la inevitable irregularidad de estas últimas, las dimensiones del segundo y del tercer tipo están tan bien calculadas que en el momento de la implantación del sistema decimal, cuando se buscó en la Naturaleza una medida fija que pudiese servir de punto de partida y de modelo incontestable, Réaumur propuso el alvéolo de la abeja[1].

Cada uno de estos alvéolos es un tubo hexagonal puesto sobre una base piramidal, y cada panal está formado de dos capas de estos tubos opuestos por la base, de tal manera que cada uno de los tres rombos que constituyen la base piramidal de una celda del anverso forma al mismo tiempo la base igualmente piramidal de tres celdas de reverso.

En estos tubos prismáticos se almacena la miel. Para evitar que salga durante el tiempo de su maduración, lo que sucedería inevitablemente si estuviesen estrictamente horizontales como parecen estarlo, las abejas los levantan conforme a un ángulo de cuatro o cinco grados.

«Además del ahorro de cera —dice Réaumur considerando el conjunto de esta maravillosa construcción—, además del ahorro de cera, que resulta de la disposición de las celdas; además de que por medio de esta disposición las abejas llenan el panal sin que en él quede ningún vacío, hay las ventajas relativas a la solidez que eso da a la obra. El ángulo del fondo de cada celda, el vértice de la cavidad piramidal, se halla estribado por la arista que forman dos lados del hexágono de otra celda. Los dos triángulos o prolongaciones de los planos hexagonales que llenan uno de los ángulos entrantes de la actividad formada por los tres rombos forman juntos un ángulo plano por la parte en que se tocan; cada uno de estos ángulos, que es cóncavo en el interior de la celda, sostiene por la parte de su convexidad una de las paredes empleadas en formar el hexágono de otra celda, y esta pared, que se apoya en dicho ángulo, resiste a la fuerza que tendería a empujarlas hacia fuera; así es que los ángulos se encuentran afianzados. Todas las ventajas que se pudieran exigir respecto a la solidez de cada celda le son proporcionadas por su propia figura y por la manera de estar dispuestas las unas respecto a las otras».

---

1. Desechóse, no sin motivos, este modelo. El diámetro de los alvéolos es de una regularidad admirable; pero, como todo lo producido por un organismo vivo, no es *matemáticamente* invariable en la misma colmena. Además, como lo hace observar *Monsieur* Maurice Girand, las diversas especies de abejas tienen una apotema de alvéolo distinta, de modo que el modelo sería diferente de una colmena a otra, según la especie de abejas que las habitan.

CAPÍTULO DIECISIETE

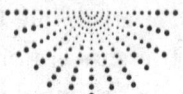

«Los geómetras saben —dice el doctor Reid— que no hay más que tres clases de figuras adaptables para dividir una superficie en pequeños espacios iguales, de una forma regular y del mismo tamaño sin intersticios.

»Éstas son el triángulo equilátero, el cuadrado y el hexágono regular, que, por lo que toca a la construcción de las celdas, prevalece sobre las otras dos figuras por la comodidad y la resistencia. Y las abejas adoptan precisamente la forma hexagonal, como si conociesen sus ventajas.

»El fondo de las celdas se compone de tres planos que se encuentran en un punto, y se ha demostrado que este sistema de construcción permite realizar una economía considerable en trabajo y materiales. Tratábase, además, de saber qué ángulo de inclinación de los planos corresponde a la mayor economía, problema de alta matemática que ha sido resuelto por algunos sabios, entre ellos Maclaurin, cuya solución se encontrará en la reseña de la "Sociedad Real" de Londres[1]. Pues bien, el ángulo determinado de esta manera por el cálculo corresponde al que se mide en el fondo de los alvéolos».

1. Réaumur había propuesto al célebre matemático Koening el problema siguiente: «Entre todas las celdas hexagonales de fondo piramidal compuesto de tres rombos semejantes e iguales, determinar la que pueda ser construida con menos materia». Koening encontró que la celda tenía el fondo hecho de tres rombos, cada uno de cuyos ángulos mayores era de 109o y 26' y cada uno de los pequeños de 70o y 34'. Pues bien: otro sabio, Maraldi, que midió lo más exactamente posible los ángulos de los rombos construidos por las abejas, fijó los mayores en 109o y 28' y los menores en 70o y 32'. No había pues, entre las dos soluciones más que una diferencia de 2'. Es probable que el error, si lo hay, deba ser imputable más bien a Maraldi que a las abejas, pues ningún instrumento permite medir con precisión infalible los ángulos de las celdas no definidos con bastante exactitud.

    Otro matemático, Cramer, a quien se había sometido el mismo problema, dio una solución que se aproxima aún más a la de las abejas, es decir, 109o y 28 1/2' para los ángulos obtusos, y 70o y 31 1/2' para los agudos. Maclaurin, rectificando a Koening, da 70o y 32' y 109o y 28'. *Monsieur* León Lalanne, 109o 28' 16" y 70o 81' 44". Véase sobre tan debatida cuestión: Maclaurin: *Philos. Trans. of London*, 1743. Brougham: *Rech, anal, et exper. sur les alv. des ab.* L. Lalanne: *Note sur l'Arch. des abeilles*, etcétera.

CAPÍTULO DIECIOCHO

No creo que las abejas se entreguen a esos cálculos complicados, pero tampoco creo que el azar o solamente la fuerza de las cosas produzca esos resultados admirables. Para las avispas, por ejemplo, que construyen, como las abejas, panales de alvéolos hexagonales, el problema era el mismo y lo han resuelto de una manera mucho menos ingeniosa. Sus panales no tienen más que una capa de celdas y no poseen el fondo común que sirve a la vez para las dos capas opuestas del panal de la abeja. De ahí menos solidez, más irregularidad y una pérdida de tiempo, de materia y de espacio que representa la cuarta parte del esfuerzo y la tercera del espacio necesarios. Igualmente, las trigonas y las meliponas, que son verdaderas abejas domésticas, pero de una civilización menos adelantada, no construyen sus celdas de cría más que sobre una cara y apoyan sus panales horizontales y superpuestos sobre informes y dispendiosas columnas de cera. En cuanto a sus celdas para provisiones, son grandes odres reunidos sin orden y allí donde podrían intersectarse, con una economía de sustancia y de tiempo que las abejas aprovechan, las meliponas, sin pensar en esa economía posible, insertan torpemente entre las esferas otras celdas de paredes planas. Así es que, cuando se compara uno de sus nidos con la ciudad matemática de nuestras abejas, se creería estar viendo un caserío de chozas primitivas al lado de una de esas ciudades regulares que son el resultado quizá sin encantos pero lógico, del genio del hombre, que lucha más ardientemente que antes contra el tiempo, el espacio y la materia.

CAPÍTULO DIECINUEVE

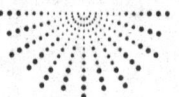

La teoría corriente, renovada de Buffon, sostiene que las abejas no tienen la menor intención de hacer hexágonos de base piramidal; que quieren simplemente practicar en la cera alvéolos redondos; pero como sus vecinas, las que trabajan en la cara opuesta del panal, hacen otro tanto, con las mismas intenciones, los puntos en que los alvéolos se encuentran toman forzosamente una forma hexagonal. Añaden que sucede lo mismo que con los cristales de la nieve, con las escamas de ciertos peces, las pompas de jabón, etcétera, y que lo propio pasa en la siguiente experiencia que propone Buffon: «Llénese una vasija con guisantes o con cualquier otro grano cilíndrico y tápese bien después de haber vertido en ella tanta agua como pueden recibir los intersticios entre los granos; hágase hervir esta agua, y todos los cilindros se transformarán en columnas de seis lados. La razón es puramente mecánica: cada grano de figura cilíndrica tiende, por su hinchazón, a ocupar el mayor espacio posible en un espacio dado; todos se vuelven, pues hexagonales por la compresión recíproca. Cada abeja procura ocupar también el mayor espacio posible en un espacio dado; es, pues, necesario igualmente, puesto que el cuerpo de las abejas es cilíndrico, que sus celdas sean hexagonales por la misma razón de los obstáculos recíprocos».

CAPÍTULO VEINTE

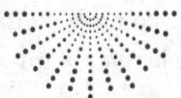

He aquí unos obstáculos recíprocos que producen una maravilla, como los vicios de los hombres, por la misma razón, producen una virtud general, suficiente para que la especie humana, a menudo odiosa en sus individuos, no lo sea en conjunto. Desde luego se podría objetar, como lo han hecho Brougham, Kirby, Spence y otros sabios, que la experiencia de las pompas de jabón y de los guisantes no prueba nada, porque en uno y otro caso el efecto de la presión no produce sino formas muy irregulares y no explica la razón de ser del fondo prismático de las celdas.

Se podría contestar, sobre todo, que hay más de una manera de sacar partido de las necesidades ciegas, que la avispa cartonera, el abejorro velloso, las meliponas y las trigonas de México y de Brasil, aunque las circunstancias y el fin son iguales, llegan a resultados muy diferentes y a todas luces inferiores. Podría decirse también que si las celdas de la abeja obedecen a la ley de los cristales de la nieve, de las pompas de jabón o de los guisantes hervidos de Buffon, obedecen al mismo tiempo, por su simetría general, por su disposición sobre dos capas opuestas, por su inclinación calculada, etcétera, a muchas otras leyes que no se encuentran en la materia.

Se podría añadir que todo el genio del hombre está también en la manera con que saca partido de necesidades análogas y que si esta manera nos parece la mejor posible es porque no hay juez superior a nosotros. Pero conviene que los razonamientos enmudezcan ante los hechos, y para rechazar una objeción sacada de una experiencia nada vale tanto como otra experiencia.

A fin de cerciorarme de que la arquitectura hexagonal se hallaba realmente inscrita en el espíritu de la abeja, corté y quité un día, en el centro de un panal y en un sitio en que había a la vez nidada y celdas llenas de miel, un disco del diámetro de una moneda de plata de cinco francos. Partiendo luego el disco por la mitad del espesor de su circunferencia por donde se unían las bases piramidales de las celdas, apliqué sobre las bases de una de las dos secciones así obtenidas una rodaja de estaño de igual diámetro y bastante resistente para que las abejas no pudiesen deformarla ni torcerla. Luego, volví a colocar en su sitio la sección provista de una rodaja. Una de las caras del panal no ofrecía nada anormal, porque el daño quedaba reparado, pero en la otra se veía una especie de gran agujero, cuyo fondo estaba formado por la rodaja de estaño y que ocupaba el puesto de una treintena de celdas. Las abejas quedaron de pronto desconcertadas, acudieron en masa a examinar y estudiar el abismo inverosímil y, durante varios días, se agitaron alrededor y deliberaron sin tomar acuerdo. Pero como yo las alimentaba abundantemente cada tarde, llegó un momento en que no hubo más celdas disponibles para almacenar sus provisiones. Es probable que entonces las grandes ingenieras, las escultoras y las cereras escogidas recibieron la orden de sacar partido del abismo inútil.

Una pesada guirnalda de cereras lo rodeó para mantener el color necesario; otras abejas bajaron al foso y empezaron por fijar sólidamente la rodaja de metal por medio de garfitas de cera escalonadas con regularidad sobre su circuito y pegadas a las aristas de las celdas circundantes. Entonces emprendieron la construcción de tres o cuatro alvéolos, uniéndolos a las garfas, en el semicírculo superior de la rodaja. Cada uno de estos alvéolos de transición o de reparación tenía su parte de encima más o menos deformada para soldarse a la celda contigua del panal, pero su parte de abajo presentaba siempre sobre el estaño tres ángulos muy marcados, de los cuales partían ya tres pequeñas líneas rectas que esbozaban con regularidad la primera mitad del alvéolo siguiente.

Al cabo de cuarenta y ocho horas, y aunque no podían trabajar en la abertura más que tres o cuatro abejas a la vez, toda la superficie del estaño estaba cubierta de alvéolos bosquejados. Estos alvéolos eran menos regulares que los de un panal ordinario; por esto la reina, después de haberlos recorrido, se negó prudentemente a aovar en ellos, pues no podía salir de allí más que una generación atrofiada. Pero todos eran perfectamente hexagonales; no había en ellos ni una línea curva, ni una forma, ni un ángulo redondeados. Sin embargo, todas las condiciones habituales habían cambiado; las celdas no habían sido practicadas en un bloque, según la observación de Huber, o en un capucho de cera, según la de Darwin, circulares al principio y luego hexagonadas por la presión de sus vecinas. No podía ser cuestión de obstáculos recíprocos, puesto que nacían una a una y proyectaban libremente sobre una especie de tabla rasa las pequeñas líneas iniciales. Parece, pues, indudable que el hexágono no es el resultado de necesidades mecánicas, sino que se encuentra verdaderamente en el plan, en la experiencia, en la inteligencia y la voluntad de la abeja. Otro rasgo curioso de su sagacidad, que anoto de paso, es que los cortadillos que construyeron sobre la rodaja no tenían más fondo que el metal mismo. Las ingenieras de la escuadra presumían evidentemente que el estaño bastaría para retener los líquidos y habían considerado inútil embadurnarlo de cera. Pero, poco después, habiendo puesto algunas gotas de miel en dos de estas vasijas, notaron probablemente que se alteraba más o menos al contacto del metal. Cambiando entonces de idea, recubrieron de una especie de barniz diáfano toda la superficie del estaño.

CAPÍTULO VEINTIUNO

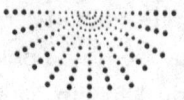

Si quisiéramos aclarar todos los secretos de esa arquitectura geométrica deberíamos examinar todavía más de una cuestión interesante; por ejemplo, la forma de las primeras celdas que se pegan al techo de la colmena, que se modifica de tal manera que los panales toquen al mismo techo por el mayor número de puntos posible.

Habría que notar también no tanto la orientación de las grandes calles, determinada por el paralelismo de los panales, como la disposición de los callejones y pasajes dispuestos acá y acullá al través o en torno de los panales mismos para asegurar el tráfico y la circulación de aire y hábilmente distribuidos a fin de evitar largos rodeos o una aglomeración excesiva. Habría que estudiar, en fin, la construcción de las celdas de transición, el instinto unánime que impulsa a las abejas a aumentar, en un momento dado, las dimensiones de sus moradas, ya porque la cosecha extraordinaria exige mayores depósitos ya porque juzgan la población bastante fuerte o porque el nacimiento de zánganos lo haga necesario. Habría que admirar al mismo tiempo la economía ingeniosa y la armoniosa certeza con la cual pasan, en tales casos, de lo pequeño a lo grande o de lo grande a lo pequeño, de la simetría perfecta a una asimetría inevitable, para volver, tan pronto como lo permitan las leyes de una geometría animada, a la regularidad ideal, sin que se desperdicie una celda, sin que haya en sus edificios un solo barrio sacrificado, pueril, indeciso o bárbaro, o una zona inutilizable. Pero ya temo haberme adentrado en muchos detalles desprovistos de interés para un lector que no se ha fijado nunca en las abejas o que sólo se ha interesado por ellas de paso, como todos nos interesamos de paso por una flor, por un pájaro, por una piedra preciosa, sin pedir más que una distraída certeza superficial, y sin pensar bastante que el menor secreto de un objeto, que vemos en la naturaleza que no es humana, toma quizás una parte más directa en el profundo enigma de nuestros fines y de nuestros orígenes que el secreto de nuestras pasiones más arrebatadoras y con sentido más complaciente estudiadas.

CAPÍTULO VEINTIDÓS

A fin de no recargar este estudio, prescindo igualmente del instinto asombroso de las abejas, que a veces les hace adelgazar o demoler la extremidad de sus panales cuando quieren prolongarlos o ensancharlos, y, sin embargo, se convendrá que demoler para reconstruir, deshacer lo hecho para rehacerlo con más regularidad, supone un singular desarrollo del ciego instinto de edificar. Prescindo también de notables experiencias que se pueden hacer para obligarlas a construir panales circulares, ovalados, tubulares o caprichosamente torcidos, y de la manera ingeniosa con que logran hacer corresponder las celdas estrechadas con las partes cóncavas del panal.

Pero antes de dejar esta materia detengámonos, aunque no sea más que un minuto, a considerar la manera misteriosa con que conciertan su trabajo y toman sus medidas cuando esculpen al mismo tiempo, sin verse, las dos caras opuestas de un panal. Mirad por transparencia uno de esos panales y notaréis, dibujados por sombras agudas en la cera diáfana, toda una red de prismas, con las aristas tan claras, todo un sistema de concordancias tan infalibles que parecen estampadas en acero.

No sé si los que jamás han visto el interior de una colmena se representan suficientemente la disposición y el aspecto de los panales. Que se figuren (y tomaremos por modelo la colmena de los campesinos, en que la abeja se halla entregada a sí misma), que se figuren una campana de paja o de mimbre; esta campana se halla dividida, de arriba abajo, por cinco, seis, ocho y a veces diez planchas de cera perfectamente paralelas y bastante parecidas a grandes rebanadas de pan que bajan de lo alto de la campana y se adaptan estrictamente a la forma ovoide de sus paredes. Entre cada una de esas planchas hay un intervalo de unos once milímetros en que permanecen o circulan las abejas. En el momento en que empieza en lo alto de la colmena la construcción de una de esas planchas, el muro de cera, que es su esbozo y que será adelgazado y estirado más tarde, es aún muy espeso y aísla completamente las cincuenta o sesenta que cincelan al mismo tiempo su cara posterior, de modo que es imposible que se vean mutuamente, a menos que sus ojos tengan el don de penetrar los cuerpos más opacos. Sin embargo, una abeja de la cara anterior no practica un solo agujero, no añade un fragmento de cera que no corresponda exactamente a un relieve o a una cavidad de la cara posterior, y recíprocamente. ¿Cómo se las arreglan para ello? ¿Cómo es que la una no ahonda demasiado, ni la otra demasiado poco?

¿Cómo todos los ángulos de los rombos coinciden siempre tan mágicamente? ¿Quién les dice que empiecen aquí y terminen allá? Hemos de contentarnos una vez más con la contestación que no resuelve nada: «Es uno de los misterios de la colmena». Huber ha tratado de explicar ese misterio diciendo que a ciertos intervalos, mediante la presión de sus patas o de sus dientes, las abejas provocan quizás un ligero relieve en la cara opuesta del panal o que se daban cuenta del espesor más o menos grande del bosque, por la flexibilidad, la elasticidad u otra propiedad física de la cera; o que sus antenas parecen prestarse al examen de las partes más finas y contorneadas en los objetos y les sirven de compás en lo invisible; o que la relación de todas las celdas proviene matemáticamente de la disposición y de las dimensiones de las de la primera fila sin necesidad de otras suficientes: las primeras son hipótesis de imposible comparación; las otras, cambian simplemente de sitio el misterio. Y si es bueno mudar los misterios de sitio con la frecuencia posible, no hay que presumir que un cambio de puesto baste para destruirlos.

CAPÍTULO VEINTITRÉS

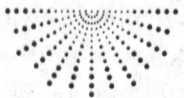

Abandonemos al fin las planicies monótonas y el desierto geométrico de las celdas. Los panales empezados se hacen habitables. Aunque lo infinitamente pequeño se añada, sin esperanza aparente, a lo infinitamente pequeño, y nuestros ojos, que ven tan poca cosa, miren sin ver nada, la obra de cera, que no se detiene ni de día ni de noche, se extiende con una rapidez extraordinaria. La reina, impaciente, ha recorrido ya más de una vez las obras que blanquean en la oscuridad, y, ahora que las primeras líneas de habitaciones están terminadas, toma posesión de ellas con su cortejo de guardias, consejeras o sirvientas, pues no es fácil decir si es conducida o escoltada, venerada o vigilada. Al llegar al punto que juzga favorable o que sus consejeras le imponen, ahueca la espalda, se encorva e introduce la extremidad de su largo abdomen ahusado en uno de los alvéolos vírgenes, mientras que todas las cabecitas atentas, las cabecitas con enormes ojos negros de las guardias de su escolta, la encierran en un círculo apasionado, le sostienen las patas, le acarician las alas y agitan sobre ella sus febriles antenas, como para alentarla, apremiarla y felicitarla.

Se conoce fácilmente el sitio en que se encuentra por esa especie de escarapela estrellada o más bien por ese broche ovalado del que ella es el topacio central y que se parece bastante a los imponentes broches que nuestras abuelas llevaban. Es de notar, y lo notamos ya que se presenta la ocasión de hacerlo, que las obreras evitan siempre el volver la espalda a la reina. Tan pronto como ésta se acerca a un grupo, todas se las arreglan para presentarle invariablemente los ojos y las antenas, y en su presencia andan a reculones. Es una señal de respeto o más bien de solicitud, que, por inverosímil que parezca, no deja de ser constante y general. Pero volvamos a nuestra soberana. A menudo, durante el ligero espasmo que acompaña visiblemente la emisión del huevo, una de sus hijas la coge en sus brazos, y, frente contra frente, boca contra boca, parece hablarle bajo. Ella, bastante indiferente a esos testimonios algo desenfrenados, lo toma con calma, sin emocionarse mucho, totalmente entregada a su misión, que parece ser para ella una voluptuosidad amorosa más bien que un trabajo. Por fin, al cabo de algunos segundos, se incorpora con calma, da un paso, da media vuelta sobre sí misma, y, antes de introducir la punta de su vientre, mete la cabeza en la celda vecina a fin de cerciorarse de que todo está allí en orden y de que no pone dos veces en un mismo alvéolo, mientras que dos o tres abejas de la celosa escolta entran al punto sucesivamente en la celda abandonada para ver si queda cumplida la obra y rodear de cuidados o poner en buen sitio el huevecito azulado que acaba de depositar en ella. A partir de entonces, hasta los primeros días de otoño, la reina no para: pone huevos mientras la alimentan y duerme —si es que duerme— poniendo huevos. Desde aquel momento representa el poder devorador del porvenir que invade todos los ámbitos del reino. Sigue paso a paso a las infelices obreras, que se extenúan construyendo las cunas que su fecundidad reclama. Se asiste así a un concurso de dos poderosos instintos cuyas peripecias aclaran para mostrarlos, si no para resolverlos, varios enigmas de la colmena.

Sucede, por ejemplo, que las obreras toman cierta ventaja. Obedeciendo a sus cuidados de buenas amas de gobierno que piensan en las provisiones de los días de mal tiempo, se apresuran a llenar de miel las celdas conquistadas sobre la avidez de la especie. Pero la reina se acerca; es preciso que los bienes materiales retrocedan ante la idea de la naturaleza, y las obreras, desconcertadas, mudan de sitio el tesoro importuno.

Sucede también que su adelanto es de un panal entero; entonces, no teniendo a la vista a la que representa la tiranía de los días que nadie verá, aprovechan la circunstancia para construir lo más pronto posible una zona de grandes celdas, de celdas para zánganos, cuya construcción es mucho más fácil y más rápida. Al llegar a esa zona ingrata, la reina deposita en ella de mala gana algunos huevos, pasa de largo y exige en sus bordes nuevas celdas de obreras. Las trabajadoras obedecen, estrechan gradualmente los alvéolos y la prosecución se reanuda hasta que la insaciable madre, plaga fecunda y adorada, vuelve a los extremos de la colmena, a las celdas del principio, abandonadas mientras tanto por la primera generación que acaba de nacer, y que pronto, de ese rincón de sombra en que vino a la vida, va a dispersarse sobre las flores de los contornos, a poblar los rayos del sol y animar las horas propicias, para sacrificarse a su vez a la generación que ya la suple en la cuna.

CAPÍTULO VEINTICUATRO

¿Y la reina abeja a quién obedece? A la comida que le dan, porque no toma por sí misma alimentos; es alimentada como un niño por las mismas obreras a quienes agobia de fatiga su fecundidad. Y, a su vez, esa comida que las obreras le tasan guarda proporción con la abundancia de las flores y con la cosecha que traen las libadoras de los cálices. Aquí, pues, como en todas partes, una porción del círculo se halla sumida en las tinieblas; aquí, pues, como en todas partes, la orden suprema viene de fuera, de un poder desconocido, y las abejas se someten, como nosotros, al amo anónimo de la rueda que gira sobre sí misma aplastando las voluntades que la hacen mover.

Alguien a quien yo enseñaba últimamente, en una de mis colmenas de cristal, el movimiento de esa rueda tan visible como la rueda principal de un reloj; alguien que veía a las claras la agitación innumerable de los panales, el zarandeo perpetuo, enigmático y loco de las nodrizas sobre las cunas de la nidada, los puentes y escaleras animados que forman las cereras, las espirales invasoras de la reina, la actividad diversa e incesante de la multitud, el esfuerzo despiadado e inútil, las idas y venidas con un ardor febril, el sueño ignorado fuera de las cunas que ya acecha el trabajo de mañana, el reposo mismo de la muerte, alejado de una residencia que no admite enfermos ni tumbas; alguien que miraba esas cosas, una vez pasado el asombro, no tardó en apartar la vista en que se leía no sé qué espanto.

Hay, en efecto, en la colmena, bajo la alegría del primer aspecto, bajo los brillantes recuerdos de los días hermosos que la llenan y la convierten en cofrecillo de joyas del verano, bajo el movimiento embriagador que la une a las flores, a las aguas vivas, al azul del cielo, a la abundancia tan apacible de todo lo que representa la belleza y la felicidad, hay, en efecto, bajo todas esas delicias exteriores, un espectáculo que es de los más tristes que se puedan ver. Y nosotros, ciegos que no abrimos más que ojos oscurecidos, cuando miramos a esas inocentes condenadas, sabemos muy bien que no son ellas solas las que están a punto de inspirarnos compasión, que no son ellas solas las que no comprendemos, sino una forma lastimera de la gran fuerza que nos anima y nos devora también.

Sí; si se quiere, eso es triste, como todo es triste en la Naturaleza cuando se lo mira de cerca. Sucederá así mientras no sepamos su secreto o si tiene alguno. Y si algún día averiguamos que no tiene ninguno o el que tiene es horrible, entonces nacerán otros deberes que quizás aún no tienen nombre. Mientras tanto, que nuestro corazón repita si quiere: «Eso es triste», pero nuestra razón se contente con decir: «Eso es así». Nuestro deber actual está en averiguar si existe algo detrás de esas tristezas, y para eso no hay que apartar la vista de ellas, sino mirarlas fijamente y estudiarlas con tanto interés y valor como si fuesen alegrías. Justo es que, antes de quejarnos, que antes de juzgar a la Naturaleza, acabemos de interrogarla.

CAPÍTULO VEINTICINCO

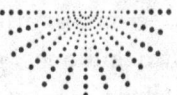

Hemos visto que las obreras, luego que no se sienten ya apretadas de cerca por la amenazadora fecundidad de la madre, se apresuran a fabricar celdas para provisiones, cuya construcción es más económica y la capacidad mayor. Hemos visto, por otra parte, que la madre prefiere aovar en las celdas pequeñas y que las reclama sin cesar. Sin embargo, a falta de ellas, y mientras se las proporcionan, se resigna a depositar huevos en las anchas celdas que encuentra a su paso.

Las abejas que de estos huevos nacerán serán machos o zánganos, aunque los huevos son enteramente iguales a aquellos de que nacen las obreras. Ahora bien, al revés de lo que sucede en la transformación de una obrera en reina, no es la forma o la capacidad del alvéolo lo que determina aquí el cambio, pues de un huevo puesto en una celda grande y transportado luego a una celda de obrera saldrá (yo he conseguido operar cuatro o cinco veces ese traslado, que es bastante difícil a causa de la pequeñez microscópica y la enorme fragilidad del huevo) un macho más o menos atrofiado, pero incontestable. Es preciso, pues, que la reina, al aovar, tenga la facultad de reconocer o determinar el sexo del huevo que pone y de apropiarlo al alvéolo en que lo pone. Es raro que se equivoque. ¿Cómo lo hace? ¿Cómo, entre las miríadas de huevos que sus dos ovarios contienen, separa los machos de las hembras y cómo bajan a su antojo al oviducto único?

Henos aquí en presencia de otro de los enigmas de la colmena, y de uno de los más impenetrables. No se ignora que la reina virgen no es estéril, pero que no puede poner sino huevos de machos. Sólo después de la fecundación del vuelo nupcial produce a voluntad obreras o zánganos. A consecuencia del vuelo nupcial se halla definitivamente en posesión, hasta su muerte, de los espermatozoarios, arrancados a su desdichado amante. Esos espermatozoarios, cuyo número estima el doctor Leuckart en veinticinco millones, se conservan vivos en una glándula especial situada debajo de los ovarios, a la entrada del oviducto común, y llamada espermateca. Se supone, pues, que la estrechez del orificio de las celdas pequeñas y la manera con que la forma de este orificio obliga a la reina a encorvarse y agacharse ejerce sobre la espermateca cierta presión, de resultas de la cual los espermatozoarios salen de ella y al pasar fecundan el huevo. Esa presión no tendría efecto en las celdas grandes, y la espermateca no se entreabriría. Otros, por el contrario, opinan que la reina manda realmente a los músculos que abren o cierran la espermateca sobre la vagina, y, efectivamente, esos músculos son en extremo numerosos, fuertes y complicados. Sin querer decidir cuál de las dos hipótesis es la mejor, pues cuanto más se observa mejor se ve que uno no es más que un náufrago sobre el océano hasta aquí muy desconocido de la Naturaleza, mejor se averigua que un hecho está dispuesto siempre a surgir del seno de una ola de súbito más transparente, que destruye en un instante todo lo que creía saber, confesaré, sin embargo, que me inclino por la segunda. Las experiencias de un apicultor bordelés, Mr. Drory, demuestran que, si se han sacado de la colmena todas las celdas grandes, la madre, una vez llegado el momento de poner huevos de machos, no vacila en ponerlos dentro de las celdas obreras, e inversamente pondrá huevos de obreras dentro de celdas de machos, si no tiene otras a su disposición.

Luego las bellas observaciones de M. Fabre sobre las osmias, que son abejas silvestres y solitarias de la familia de las gastrilégidas, prueban hasta la evidencia que no solamente la osmia conoce de antemano el sexo del huevo que ha de poner, sino que este sexo es facultativo para la madre, que lo determina según el espacio de que dispone, «espacio frecuentemente fortuito y no modificable», estableciendo aquí un macho y allí una hembra. No entraré en el detalle de las experiencias del gran entomólogo francés. Son en extremo minuciosas y nos llevarían demasiado lejos. Cualquiera que sea la hipótesis aceptada, una u otra explicaría muy bien, fuera de toda inteligencia del porvenir, la propensión de la reina a aovar en celdas de obreras.

Es probable que esta madre esclava que nos inspira compasión, pero que es quizás una apasionada del amor, una gran voluptuosa, experimenta en la unión del principio macho y hembra que se opera en su ser cierto goce y como un resabio de la embriaguez del vuelo nupcial, único en su vida. En esto también la Naturaleza, que nunca es tan ingeniosa ni tan disimuladamente previsora y diversa como cuando se trata de las asechanzas del amor, debió de apuntalar con un deseo el interés de la especie. Pero entendámonos y no seamos cándidamente víctimas de nuestra explicación. Atribuir así una idea a la Naturaleza, y creer que esto basta, es echar una piedra en uno de esos abismos inexplorables que se encuentran en el fondo de ciertas grutas e imaginarse que el ruido que producirá al caer en él responderá a todas nuestras preguntas y nos revelará otra cosa que la inmensidad del abismo.

Cuando se repite: «La Naturaleza quiere esto, organiza esta maravilla, procura ese fin», equivale a decir que una pequeña manifestación de vida logra mantenerse, mientras nos ocupamos en ella, sobre la enorme superficie de la materia que nos parece inactiva y que llamamos, evidentemente sin razón, la nada o la muerte. Un concurso de circunstancias que nada tenía de necesario ha mantenido esta manifestación entre otras mil, quizá tan interesantes y tan inteligentes, pero que no tuvieron la misma suerte y desaparecieron para siempre sin haber tenido la ocasión de maravillarnos. Sería temerario afirmar otra cosa, y todo el resto, nuestras reflexiones, nuestra teología obstinada, nuestras esperanzas y nuestras admiraciones, todo es en el fondo cosa desconocida, que hacemos chocar contra algo menos conocido aún, para hacer un pequeño ruido que nos da conciencia del más alto grado de la existencia particular que podemos alcanzar en esa misma superficie muda e impenetrable, como el canto del ruiseñor y el vuelo del cóndor les revelan también en el más alto grado de existencia propia de su especie. Después de todo, uno de nuestros deberes más innegables es el de producir ese pequeño ruido cada vez que la ocasión se presenta, sin desalentarnos porque sea probablemente inútil.

LIBRO CUARTO : LAS REINAS JÓVENES

CAPÍTULO UNO

Cerremos ahora nuestra joven colmena en que la vida, reanudando su movimiento circular, se manifiesta y se multiplica, para dividirse a su vez cuando alcance la plenitud de la fuerza y de la felicidad, y abramos por última vez la colmena madre a fin de ver detenidamente lo que pasa en ella desde la salida del enjambre.

Calmado el tumulto de la partida, y abandonada para siempre por las dos terceras partes de sus hijas, la infeliz colmena es como un cuerpo que ha perdido su sangre: está cansada, desierta, casi muerta. Sin embargo, han quedado en ella algunos centenares de abejas, las cuales, sin trastorno, pero con alguna languidez, reanudan el trabajo, reemplazan lo mejor que pueden a las ausentes, borran las huellas de la orgía, encierran las provisiones entregadas al saqueo, van a las flores, velan por el depósito del porvenir, conscientes de la misión y fieles al deber que un destino preciso les impone.

Pero si el presente parece triste, todo lo que la vista encuentra está poblado de esperanzas. Nos hallamos en uno de esos castillos de las leyendas alemanas en que los muros se componen de millares de frascos que contienen las almas de los hombres que van a nacer. Nos hallamos en la morada de la vida que precede a la vida. Hay aquí en suspenso, dentro de cunas bien cerradas, en la superposición infinita de los alvéolos de seis caras, miríadas de ninfas, más blancas que la leche, las cuales, con los brazos doblados y la cabeza inclinada sobre el pecho, esperan la hora de despertar. Al verlas en sus sepulturas uniformes, innumerables y casi transparentes, diríase que son gnomos canosos que meditan, o legiones de vírgenes deformadas por los pliegues del sudario, y sepultadas en prismas hexagonales multiplicados hasta el delirio por un geómetra inflexible.

Sobre toda la extensión de esos muros perpendiculares que encierran un mundo que crece, se transforma, da vueltas sobre sí mismo, cambia cuatro o cinco veces de ropaje e hila su mortaja en la sombra, baten las alas y danzan centenares de obreras para mantener el calor necesario y también para un fin más oscuro, pues su danza tiene zarandeos extraordinarios y metódicos que deben de responder a algún objeto que, según creo, hasta hoy, ningún observador ha puesto en claro.

Al cabo de algunos días, las cubiertas de esas miríadas de urnas (en una colmena grande se cuentan de setenta a ochenta mil) se rajan y aparecen dos grandes ojos negros y graves, dominados por antenas que palpan ya la existencia en torno de ellas, mientras activas mandíbulas acaban de ensanchar la abertura. En seguida las nodrizas acuden, ayudan a la joven abeja a salir de su prisión, la sostienen, la cepillan, la limpian y le ofrecen en la extremidad de la lengua la primera miel de su nueva vida. Ella, que llega de otro mundo, se halla aún aturdida, un poco pálida, vacilante. Tiene el aire débil de un viejecito escapado de la tumba. Diríase que es una viajera cubierta de polvo de los caminos desconocidos que conducen al nacimiento. Por lo demás, es perfecta de pies a cabeza, sabe inmediatamente lo que debe saber, y como esos hijos del pueblo que se enteran, por decirlo así, al nacer, de que tendrán poco tiempo para jugar y reír, se dirige hacia las celdas cerradas y se pone a batir las alas y a agitarse en cadencia para calentar a su vez a sus hermanas sepultadas sin detenerse en descifrar el asombroso enigma de su destino y de su raza.

CAPÍTULO DOS

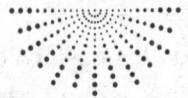

Sin embargo, le son ahorrados al principio los fatigosos trabajos. No sale de la colmena sino ocho días después de su nacimiento para realizar su primer «vuelo de limpieza» y llenar de aire sus sacos traqueales, que se hinchan, desarrollan todo su cuerpo y la hacen, a partir de este momento, la esposa del espacio. Vuelve luego, espera otra semana, y entonces se organiza, en compañía de sus hermanas de la misma edad, su primera salida de recolectora, en medio de una agitación muy especial que los apicultores llaman el «sol de artificio». Más propio sería llamarla el «sol de inquietud». Se ve, en efecto, que tiene miedo; ellas, que son hijas de la sombra estrecha y de la multitud, tienen miedo del abismo azulado y de la soledad infinita de la luz, y su alegría vacilante está llena de terrores. Se pasean por el umbral, indecisas, y parten y vuelven veinte veces. Se cierran en el aire, con la cabeza obstinadamente vuelta hacia la casa natal, describen grandes círculos que se elevan y caen de pronto bajo el peso de una pena, y sus trece mil ojos interrogan, reflejan y retienen a la vez todos los árboles, la fuente, la verja, los espaldares, las techumbres y las ventanas de los alrededores, hasta que la ruta aérea por la cual volverán se haya trazado en su memoria tan inflexiblemente como si dos trazos de acero la marcasen en el éter.

He aquí un nuevo misterio. Interroguémosle como a los demás, y, si calla como ellos, su silencio aumentará al menos en algunas áreas nebulosas, pero sembradas de buena voluntad, el campo de nuestra ignorancia consciente, que es el más fértil que nuestra actividad posee. ¿Cómo las abejas vuelven a encontrar su morada, que a veces les es imposible ver, que a menudo se halla oculta debajo de los árboles, y cuya entrada, en todo caso, no es más que un punto imperceptible en la extensión sin límites? ¿Cómo es que, trasladadas en una caja a dos o tres kilómetros de la colmena, es extremadamente raro que se extravíen?

¿La distinguen a través de los obstáculos? ¿Se orientan por medio de puntos de mira o poseen ese sentido particular y mal conocido que atribuimos a ciertos animales, a las golondrinas y a las palomas, por ejemplo, y que llaman el «sentido de la orientación»? Las experiencias de J. H. Fabre, de Lubbock y sobre todo las de M. Romanes (*Nature*, 29 de octubre de 1886), parecen establecer que no las guía ese instinto extraño. Por otra parte, he observado más de una vez que no fijan mucho su atención en la forma o en el color de la colmena. Parecen fijarse más en el aspecto habitual de la meseta en que se asienta su casa, en la disposición de la entrada en la tablilla de abordaje[1]. Pero esto mismo es accesorio, y si, durante la ausencia de las recolectoras, se modifica totalmente la fachada de su casa, no dejarán de venir en derechura a ella desde las profundidades del horizonte y sólo manifestarán alguna vacilación en el momento de pasar el umbral desconocido. Su método de orientación, a juzgar por nuestras experiencias, parece más bien tener por base una serie de puntos de mira extraordinarios, minuciosos y precisos. Lo que ellas reconocen a tres o cuatro kilómetros de distancia no es la colmena, sino su situación respecto a los objetos de los alrededores. Y esa manera de guiarse es tan maravillosa y tan matemáticamente segura, esos puntos de orientación quedan tan profundamente grabados en su memoria, que después de invernar cinco meses en una cueva oscura, si se vuelve a colocar la colmena sobre su meseta, pero un poco más a la derecha o a la izquierda de donde estaba, todas las obreras, a su vuelta de las primeras flores, abordarán con un vuelo imperturbable y rectilíneo en el punto preciso que ocupaba el año anterior, y sólo a tientas acabarán por encontrar la puerta cambiada de sitio. Diríase que el espacio ha conservado precisamente durante todo el invierno la huella indeleble de sus trayectorias y que su pequeño sendero laborioso ha quedado grabado en el cielo.

Cuando se muda una colmena de sitio se pierden muchas abejas, a menos de que no se trate de un gran viaje y que todo el paisaje que conocen perfectamente hasta tres o cuatro kilómetros a la redonda no sea transformado, o a menos también de que no se tome la precaución de poner una tablilla, un trozo de teja, un obstáculo cualquiera delante de los agujeros llamados «de vuelo», que les advierta que hay algún cambio y les permita orientarse de nuevo.

---

1. La *tablilla de abordaje*, que a menudo no es más que la prolongación del *tablero* sobre el cual está colocada la colmena, forma una especie de meseta o descanso, delante de la entrada principal.

CAPÍTULO TRES

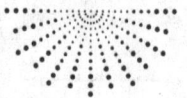

Esto dicho, entremos en la ciudad que se repuebla, donde la multitud de cunas no cesa de abrirse, donde la sustancia misma de los muros se pone en movimiento. Sin embargo, esa ciudad aún no tiene reina. A los bordes de uno de los panales del centro se elevan siete u ocho edificios raros que recuerdan, entre la llanura accidentada de las celdas ordinarias, las protuberancias y valles circulares que hacen tan extrañas las fotografías de la luna. Son una especie de cápsulas de cera rugosa o de bellotas inclinadas y perfectamente cerradas que ocupan el puesto de tres o cuatro alvéolos de obreras. Están habitualmente agrupadas en un mismo punto y una guardia numerosa y singularmente inquieta y atenta vigila la región en que flota no sé qué prestigio. Allí es donde se forman las madres. En cada una de aquellas cápsulas, antes de la partida del enjambre, un huevo, enteramente igual a los ordinarios de que nacen las obreras, ha sido puesto, ya por la madre misma ya más probablemente por las nodrizas, que lo trasladan allí de alguna cuna vecina, aunque esto no ha podido averiguarse con certeza.

Tres días después sale del huevo una pequeña larva a la cual se prodiga un alimento particular y lo más abundante posible, y he aquí que podemos seguir uno por uno los movimientos de uno de esos métodos magníficamente vulgares de la Naturaleza, que cubriríamos, si se tratase de los hombres, con el nombre augusto de la Fatalidad. La pequeña larva, gracias a ese régimen, adquiere un desarrollo excepcional, y sus ideas, al mismo tiempo que su cuerpo, se modifican al extremo de que la abeja que de ella nace parece pertenecer a una raza de insectos enteramente diferente.

Vivirá cuatro o cinco años en vez de seis o siete semanas. Su abdomen será dos veces más largo, su color más dorado y más claro y su aguijón encorvado. Sus ojos no tendrán más que ocho o nueve mil facetas en vez de doce o trece mil. Su cerebro será más estrecho, pero sus ovarios se volverán enormes y poseerán un órgano especial, la espermateca, que la hará, por decirlo así, hermafrodita. No tendrá ninguno de los útiles de una vida laboriosa: ni bolsitas para segregar la cera, ni cepillos, ni cestas para recolectar el polen. No tendrá ninguna de las costumbres, ninguna de las pasiones que creemos inherentes a la abeja. No experimentará ni el deseo del sol ni la necesidad del espacio, y morirá sin haber visitado una flor. Pasará su existencia en la sombra y la agitación de la multitud, infatigablemente en busca de cunas que poblar. En cambio, será la única que conozca la inquietud del amor. No está segura de tener dos momentos de luz en su vida —pues la salida del enjambre no es inevitable—, quizá no hará uso más que una vez de sus alas, pero será para ir al encuentro de su amante. Es curioso ver que tantas cosas, tantos órganos, tantas ideas, tantos deseos, tantos hábitos, todo un destino, se hallan así en suspenso, no en una simiente —esto sería el milagro ordinario de la planta, del animal y del hombre—, sino en una sustancia extraña e inerte: en una gota de miel[1].

---

1. Ciertos apidólogos sostienen que obreras y reinas, después de la salida del huevo, reciben el mismo alimento, una especie de leche muy rica en ázoe, que segrega una glándula especial de que está provista la cabeza de las nodrizas. Pero al cabo de algunos días las larvas de obreras son destetadas y sometidas al más grosero régimen de miel y polen, mientras que la futura reina es alimentada hasta su completo desarrollo con la preciosa leche llamada «papilla real». Sea como fuere, el resultado y el milagro son iguales.

CAPÍTULO CUATRO

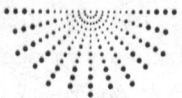

Ha transcurrido cosa de una semana desde la partida de la reina. Las ninfas reales que duermen en las cápsulas no son todas de la misma edad, porque interesa a las abejas que los nacimientos de princesas se sucedan a medida que ellas decidan si saldrá de la colmena un segundo, un tercero y hasta un cuarto enjambre. Desde hace algunas horas han adelgazado gradualmente las paredes de la cápsula más madura, y pronto la joven reina, que por el interior roía al mismo tiempo la tapadera redondeada, asoma la cabeza, saca medio cuerpo, y, con ayuda de las guardianas que acuden, la cepillan, la limpian y la acarician, sale y da los primeros pasos sobre el panal. Como las obreras que acaban de nacer, está pálida y vacila; pero al cabo de unos diez minutos sus patas se afirman, e inquieta, dándose cuenta de que no está sola, de que necesita conquistar un reino, de que hay pretendientes ocultos en alguna parte, recorre los muros de cera en busca de sus rivales. Aquí la prudencia, las decisiones misteriosas del instinto, del espíritu de la colmena o de la asamblea de obreras, intervienen. Lo más sorprendente, cuando se sigue con la vista, en una colmena de cristales, la marcha de estos acontecimientos, es que no se observa ningún signo de discordia o de discusión. Reina una unanimidad preestablecida, es la atmósfera de la ciudad, y cada una de las abejas parece saber de antemano lo que todas las demás pensarán. Sin embargo, el momento es para ellas de los más graves: es, propiamente dicho, el minuto vital de la colmena. Tienen que escoger entre tres o cuatro determinaciones que tendrán consecuencias remotas, totalmente diferentes, y que la menor cosa puede hacer funestas. Tienen que conciliar la pasión o el deber innato de la multiplicación de la especie con la conservación del tronco y de sus retoños. A veces se equivocan, echan sucesivamente tres o cuatro enjambres que agotan completamente la ciudad madre y que, demasiado débiles para organizarse bastante pronto, sorprendidos por nuestro clima, que no es el suyo de origen, del cual las abejas guardan el recuerdo a pesar de todo, sucumben a la entrada del invierno. Entonces son víctimas de lo que se llama «la fiebre de enjambrazón», que es, como la fiebre ordinaria, una especie de reacción demasiado ardiente de la vida, reacción que pasa los límites, cierra el círculo y encuentra la muerte.

CAPÍTULO CINCO

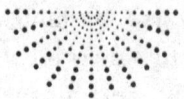

Ninguna de las decisiones que van a tomar parece imponerse, y el hombre, si permanece simplemente espectador, no puede prever la que elegirán. Pero lo que indica que esa elección es siempre razonada es que pueda ejercer influencia sobre ella y hasta determinarla, modificando ciertas circunstancias, estrechando o agrandando, por ejemplo, el espacio que concede, quitando panales llenos de miel para poner panales vacíos, pero cubiertos de celdas de obreras.

Trátase, pues, de que sepan no si echarán en seguida un segundo o un tercer enjambre —en lo cual se podrá decir que no habría más que una decisión ciega que obedecería a los caprichos o a las instancias aturdidas de una hora favorable—; se trata de que tomen en el acto, y por unanimidad, medidas que les permitan echar un segundo enjambre tres o cuatro días después del nacimiento de la primera reina, y un tercero tres días después de la salida de la joven reina al frente del segundo enjambre. No se puede negar que hay en eso todo un sistema, toda una combinación de previsiones que abarcan un tiempo considerable, sobre todo si se le compara con la brevedad de su vida.

CAPÍTULO SEIS

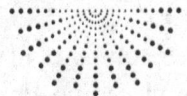

Esas medidas conciernen a la guardia de las reinas jóvenes todavía sepultadas en sus prisiones de cera. Supongo que las abejas consideran más prudente no echar un segundo enjambre. En este caso también son posibles dos resoluciones. ¿Permitirán que la primogénita de las vírgenes reales, la que hemos visto nacer, destruya a sus hermanas enemigas, o bien esperarán que haya cumplido la peligrosa ceremonia del «vuelo nupcial», del cual puede depender el porvenir de la nación? A menudo autorizan el degüello inmediato, a menudo también se oponen a él; pero se comprende que es difícil aclarar si es en previsión de una segunda enjambrazón o de los peligros del «vuelo nupcial», pues se ha observado más de una vez que, después de haber decretado la segunda enjambrazón, renuncian bruscamente a ella y destruyen toda la descendencia predestinada, ya porque el tiempo se haya vuelto menos propicio ya por alguna causa que no podemos penetrar. Pero supongamos que han juzgado conveniente renunciar a la enjambrazón y aceptar los peligros del «vuelo nupcial». Cuando nuestra joven reina, impulsada por su deseo, se acerca a la región de las grandes cunas, la guardia le abre paso. Ella, presa de furiosos celos, se precipita sobre la primera cápsula que encuentra, y, con las patas y los dientes, se esfuerza para romper la cera. Lo consigue, arranca con violencia el capullo que tapiza la morada, descubre a la princesa dormida, y, su rival es ya conocible, se vuelve de espaldas, introduce su aguijón en el alvéolo y le descarga frenéticamente lanzadas hasta que la cautiva sucumbe a los golpes del arma venenosa. Entonces ella se calma, satisfecha por la muerte que pone un misterioso límite al odio de todos los seres, envaina su aguijón, ataca otra cápsula, la abre, para pasar por alto si no encuentra en ella más que una larva o una ninfa imperfectas, y no para hasta el momento en que, jadeante, extenuada, sus uñas y dientes resbalan sin fuerza sobre las paredes de cera.

Las abejas, a su alrededor, contemplan su cólera sin participar de ella, se apartan para dejarle el campo libre pero a medida que una celda es perforada y devastada, acuden, sacan y echan fuera de la colmena el cadáver, la larva aún viva o la ninfa violada, y se hartan ávidamente de la preciosa papilla real que llena el fondo del alvéolo. Luego, cuando su reina extenuada abandona su furor, ellas mismas terminan la matanza de las inocentes y la raza y las casas soberanas desaparecen.

Esto, con la ejecución de los zánganos, que es más excusable, constituye la hora espantosa de la colmena, la única en que las obreras permiten que la discordia y la muerte invadan sus moradas. Y, como sucede a menudo en la Naturaleza, son las privilegiadas del amor las que atraen sobre sí los dardos extraordinarios de la muerte violenta.

A veces, pero es el caso raro, porque las abejas toman precauciones para evitarlo, a veces dos reinas nacen simultáneamente. Entonces tiene efecto a la salida de la cuna el combate inmediato y mortal del cual Huber ha sido el primero en señalar una particularidad bastante extraña: cada vez que en sus pases las dos vírgenes se colocan en una situación tal que sacando sus aguijones se traspasarían recíprocamente —como en los combates de *La Ilíada*—, diríase que un dios o una diosa, que es quizás el dios o la diosa de la raza, se interpone, y las dos guerreras, sobrecogidas de espanto, se separan y huyen, desconcertadas, para juntarse poco después, huir nuevamente una de otra si el doble desastre amenaza otra vez el porvenir de su pueblo, hasta que una de ellas logra sorprender a su rival imprudente o torpe y matarla, pues la ley de la especie no exige más que un sacrificio.

CAPÍTULO SIETE

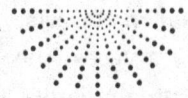

Cuando la joven soberana ha destruido así la cuna y matado a su rival, es aceptada por el pueblo, y ya sólo le falta, para reinar verdaderamente y verse tratada como lo era su madre, realizar su «vuelo nupcial», porque las abejas no se ocupan mucho de ella y le rinden pocos homenajes mientras es infecunda. Pero a menudo su historia es menos sencilla y las obreras renuncian raramente al deseo de enjambrar por segunda vez.

En este caso, como en el otro, guiada por su mismo designio, se acerca a las celdas reales, pero, en vez de encontrar allí servidoras sumisas y estímulos, tropieza con una guardia numerosa y hostil que le cierra el camino. Irritada, y llevada de su idea fija, quiere forzar o sortear el paso, pero en todas partes encuentra centinelas que velan por las princesas dormidas. Ella se obstina, vuelve a la carga, se la rechaza cada vez con más aspereza, y aun se la maltrata, hasta que comprende de una manera informe que aquellas pequeñas obreras inflexibles representan una ley a la cual debe ceder la otra ley que la anima.

Se aleja, por fin, y su cólera inaplacada se pasea de panal en panal, haciendo resonar en ellos ese canto de guerra o esa queja amenazadora que todo apicultor conoce, que parece el sonido de una trompeta argentina y lejana, y que es tan fuerte en su irritada debilidad que se le oye, sobre todo de noche, a tres o cuatro metros de distancia, a través de las dobles paredes de la colmena mejor cerrada.

Ese grito real ejerce sobre las obreras una influencia mágica. Las sume en una especie de terror o de estupor respetuoso, y, cuando la reina lo da sobre las celdas defendidas, las guardias que la rodean y zamarrean se detienen bruscamente, bajan la cabeza y esperan, inmóviles, que cese el vibrar. Créese que, gracias al prestigio de ese grito que imita, la Esfinge Atropos penetra en las colmenas y se harta de miel, sin que las abejas piensen en atacarla.

Durante dos o tres días, y a veces cinco, ese gemido irritado vaga así y llama al combate a las pretendientes protegidas. Mientras tanto, éstas se desarrollan, quieren ver a su vez la luz y se ponen a roer las tapas de sus celdas. Un gran desorden amenaza a la república. Pero el genio de la colmena, al tomar su decisión, previo todas las consecuencias, y las guardias, bien instruidas, saben hora por hora lo que es preciso hacer para evitar las sorpresas de un instinto contrariado y para conducir a la meta dos fuerzas opuestas. No ignoran que si las jóvenes reinas impacientes por nacer no lograsen escapar caerían en manos de su hermana mayor, ya invencible, que las destruiría una tras otra. Así es que, a medida que una de las amuralladas adelgaza interiormente las puertas de su torre, ellas la recubren por fuera con una nueva capa de cera, y la impaciente se aplica con ahínco a su trabajo sin sospechar que roe un obstáculo encantado que renace de su ruina. La prisionera oye al mismo tiempo las provocaciones de su rival, y conociendo su destino y su deber real, aun antes de haber podido dar una mirada a la vida y saber lo que es una colmena, contesta heroicamente al reto desde el fondo de su prisión. Pero como su grito tiene que atravesar las paredes de una tumba, es muy diferente, ahogado, cavernoso, y el apicultor que, a la caída de la tarde, cuando los ruidos cesan en el campo y se eleva el silencio de las estrellas viene a interrogar la entrada de las maravillosas ciudades, reconoce y comprende lo que anuncia el diálogo de la virgen errante y de las vírgenes cautivas.

CAPÍTULO OCHO

Esa prolongada reclusión es favorable a las jóvenes vírgenes que salen de ella bien desarrolladas, ya vigorosas y prontas a emprender el vuelo. Por otra parte, la espera ha fortalecido a la reina y la ha puesto en condiciones de afrontar los peligros del viaje. El segundo enjambre o «enjambre secundario» sale entonces de la colmena, con la primogénita de las reinas al frente. Inmediatamente después de su partida, las obreras que han quedado en la casa dan libertad a una de las prisioneras, que repite las mismas tentativas mortales y lanza los mismos gritos de cólera, para abandonar a su vez la colmena, tras días después, al frente del tercer enjambre, y así sucesivamente, en caso de «fiebre de enjambrazón», hasta el agotamiento completo de la ciudad madre.

Swammerdam cita una colmena que, con sus enjambres y los enjambres de sus enjambres, produjo treinta colonias en una sola estación.

Esa multiplicación extraordinaria se observa sobre todo después de los inviernos desastrosos, como si las abejas, siempre en contacto con las secretas voluntades de la Naturaleza, tuviesen conciencia del peligro que amenaza a la especie. Pero, en tiempo normal, esa fiebre es bastante rara en las colmenas fuertes y bien gobernadas. Muchas de ellas no enjambran más que una vez y las hay que no enjambran ninguna.

Generalmente, después del segundo enjambre, las abejas renuncian a divertirse más, ya porque noten la debilitación excesiva del tronco ya porque la turbación del cielo les dicta la prudencia. Entonces permiten que la tercera reina mate a las cautivas y la vida ordinaria se reanuda y reorganiza con tanto más ardor cuanto que casi todas las obreras son muy jóvenes, la colmena se halla despoblada y pobre y hay que llenar grandes vacíos antes del invierno.

CAPÍTULO NUEVE

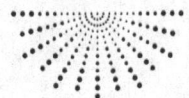

La salida del segundo y tercer enjambre es parecida a la del primero, y todas las circunstancias son iguales, con la sola diferencia de que las abejas son menos numerosas, que la tropa es menos circunspecta y carece de exploradoras y que la joven reina, virgen, ardiente y ligera, vuela mucho más lejos y desde la primera etapa arrastra toda su gente a gran distancia de la colmena. Añádase que esa segunda y esa tercera emigración son mucho más temerarias y que la suerte de esas colonias errantes es bastante azarosa. No tienden al frente, para representar el porvenir, más que una reina infecunda. Todo su destino depende del vuelo nupcial que va a verificarse. Un ave que pasa, unas cuantas gotas de lluvia, un viento frío, un error y el desastre es irremediable. Las abejas lo saben tan bien, que una vez encontrado el abrigo, a pesar de su apego ya fuerte a su morada de un día, a pesar de los trabajos empezados, con frecuencia lo abandonan todo para acompañar a su joven soberana en busca del amante, a fin de no perderla de vista para rodearla de mil alas protectoras o perderse con ella cuando el amor la extravía tan lejos de la nueva colmena que la ruta todavía no acostumbrada del regreso vacila y se dispersa en todas las memorias.

CAPÍTULO DIEZ

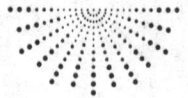

Pero la ley del porvenir es tan poderosa que ninguna abeja vacila ante esa incertidumbre y esos peligros de la muerte. El entusiasmo de los enjambres secundarios y terciarios es igual al del primero. Cuando la ciudad madre ha tomado su decisión, cada una de las jóvenes reinas peligrosas encuentra una partida de obreras dispuestas a seguir su suerte y acompañarla en ese viaje, donde hay mucho que perder y nada que ganar, a no ser la esperanza de un instinto satisfecho. ¿Quién les da esa energía, que nosotros no tenemos jamás, para romper con el pasado como con un enemigo? ¿Quién elige entre la multitud las que deben partir y quién señala las que se quedan? No es tal o cual clase que se va a quedar —por un lado, las más jóvenes, y por otro, las de más edad—: en torno de cada reina que no ha de volver jamás se agrupan viejas colectoras, al mismo tiempo que jóvenes obreras que afrontan por primera vez el vértigo del espacio azul. Tampoco es el azar, la ocasión, el entusiasmo o la postración pasajera de un pensamiento, de un instinto o de un sentimiento lo que aumenta o disminuye la fuerza proporcional del enjambre. Varias veces he procurado evaluar la relación que existe entre el número de las abejas que lo componen y el de las abejas que quedan y, aunque las dificultades de la experiencia no permiten llegar a una precisión matemática, he podido comprobar que esa relación, teniendo en cuenta la nidada, es decir, los nacimientos próximos, era bastante constante para que suponga un verdadero y misterioso cálculo de parte del genio de la colmena.

CAPÍTULO ONCE

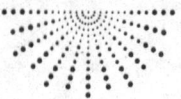

No seguiremos las aventuras de esos enjambres. Son numerosas y a menudo complicadas. A veces dos enjambres se mezclan; en otros casos, en medio del trastorno de la partida, dos o tres de las reinas prisioneras escapan a la vigilancia de las guardianas y se unen al racimo que se forma. Sucede también alguna vez que una de las jóvenes reinas, rodeada de zánganos, se aprovecha del vuelo de enjambrazón para hacerse fecundar, y arrastra entonces todo su pueblo a una altura y a una distancia extraordinarias. En la práctica de la apicultura se devuelve siempre a la colmena madre esos enjambres secundarios y terciarios. Las reinas vuelven a encontrarse en el reino, las obreras asisten a sus combates, y cuando la mejor ha triunfado, enemigas del desorden, ávidas de trabajo, echan fuera los cadáveres, cierran la puerta a las violencias del porvenir, olvidan el pasado, vuelven a las celdas y reanudan sus visitas a las flores que las esperan.

CAPÍTULO DOCE

A fin de simplificar nuestro relato, reanudemos, donde la interrumpimos, la historia de la reina a quien las obreras permitieron que matase a sus hermanas en sus cunas. He dicho que se oponen con frecuencia a esa matanza, aun cuando no parecen abrigar la intención de echar un segundo enjambre. Pero a menudo la autorizan, porque el espíritu político de las colmenas de un mismo colmenar es tan diverso como el de las naciones humanas de un mismo continente. Lo cierto es que, autorizándola, comenten una imprudencia. Si la reina perece o se extravía en su vuelo nupcial no queda nadie para reemplazarla, y las larvas de obreras han pasado la edad de la transformación real. Pero, en fin, la imprudencia está hecha, y tenemos a nuestra primogénita soberana única y reconocida en el pensamiento del pueblo. Sin embargo, aún es virgen. Para ser igual a la madre a quien remplaza es preciso que encuentre el macho dentro de los veinte primeros días que sigue a su nacimiento. Si, por una causa cualquiera, ese encuentro se retrasa, su virginidad se hace irrevocable. No obstante, hemos podido observar que, aunque virgen, no es estéril. Nos encontramos en presencia de esa grande anomalía, preocupación o capricho sorprendente de la Naturaleza que llaman la partenogénesis y que es común a cierto número de insectos, tales como los pulgones, los lepidópteros del género psiquis, los himenópteros de la tribu de los cinípedos, etcétera. La reina virgen es, pues, capaz de poner como si hubiese sido fecundada; pero de todos los huevos que ponga, en las celdas grandes o pequeñas, no nacerán más que zánganos y como los zánganos no trabajan nunca, como viven a expensas de las hembras, como ni siquiera van a cosechar por su propia cuenta y no pueden subvenir a su subsistencia, pocas semanas después de la muerte de las últimas obreras extenuadas sobreviene la ruina y el aniquilamiento total de la colonia. De la virgen saldrán millares de machos y cada uno de esos machos poseerá millones de esos espermatozoarios, de los cuales ni uno solo ha podido penetrar en su organismo. Esto no es más sorprendente, si se quiere, que mil otros fenómenos, análogos, pues al cabo de poco tiempo, cuando se asoma uno a esos problemas, principalmente a los de la generación, donde lo maravilloso y lo inesperado surgen de todas partes y en mucha mayor abundancia, sobre todo menos humanamente que en los cuentos de hadas más milagrosos, la sorpresa es tan habitual que se pierde bastante pronto la noción de ella. Mas no por esto el hecho merecía menos ser señalado por lo curioso. Por otra parte, ¿cómo poner en claro el fin de la Naturaleza que así favorece a los machos, tan funestos, en detrimento de las obreras, tan necesarias? ¿Temen acaso que la inteligencia de las hembras las induzca a reducir en demasía el número de esos parásitos ruinosos, pero indispensables, para el mantenimiento de la especie? ¿Es por una reacción exagerada contra la desgracia de la reina infecunda? ¿Es una de esas precauciones demasiado violentas y ciegas que no ven la causa del mal, se exceden en el remedio y, para evitar un accidente sensible, ocasionan una catástrofe? En la realidad (pero no olvidemos que esa realidad no es exactamente la realidad natural y primitiva, pues en la selva de origen las colonias debían de estar más dispersas de lo que lo están hoy), en la realidad, cuando una reina no es fecunda, casi nunca tienen la culpa los machos, que son siempre numerosos y vienen de muy lejos. Es más bien el frío o la lluvia que la retienen demasiado tiempo en la colmena, y con más frecuencia sus alas imperfectas que le impiden acompañar el gran arranque que exige el órgano del zángano. Sin embargo, la Naturaleza, sin tener en cuenta esas causas más reales, se preocupa apasionadamente de la multiplicación de los machos. Turba otras leyes a fin de obtenerlos y se encuentran a veces en las colmenas huérfanas dos o tres obreras poseídas de un tal deseo de mantener la especie, que, a pesar de sus ovarios atrofiados, procuran poner, ven sus órganos desarrollarse un poco bajo el imperio de un sentimiento exasperado, y llegan a poner huevos; pero de esos huevos, como de los de la virgen madre, sólo nacen machos.

CAPÍTULO TRECE

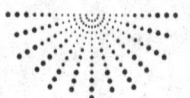

Sorprendemos aquí en su intervención, una voluntad superior, pero quizás imprudente, que contraría de una manera irresistible la voluntad inteligente de una vida. Semejantes intervenciones son bastante frecuentes en el mundo de los insectos. Es curioso estudiarlas. Hallándose ese mundo más poblado, y siendo más complejo que los otros, con frecuencia se descubre mejor en él ciertos deseos de la Naturaleza y se la sorprende en medio de experiencias que podemos creer inacabadas. Tiene ésta, por ejemplo, un gran deseo general que manifiesta en todas partes: el perfeccionamiento de cada especie por el triunfo del más fuerte. Generalmente, la lucha está bien organizada. La hecatombe de los débiles es enorme, pero esto importa poco con tal que la recompensa del vencedor sea eficaz y segura. Sin embargo, hay casos en que se diría que no ha tenido tiempo de arreglar sus combinaciones, en que la recompensa es imposible, en que la muerte del vencedor es tan funesta como la de los vencidos. Y por no dejar nuestras abejas, no conozco en eso nada más impresionante que la historia de los triongulinos del *Sitaris Colletis*. Por lo demás, se verá que varios detalles de esa historia no son tan ajenos a la del hombre como pudiera creerse.

Esos triongulinos son las larvas primarias de un parásito propio de una abeja montés, obtusilingüe y solitaria, la Coleta, que construye su nido en galerías subterráneas. Acechan a la abeja en la entrada de esas galerías, y en número de tres, cuatro o cinco, y a veces más, se agarran a sus pelos y se instalan sobre su espalda. Si la lucha de los fuertes contra los débiles tuviera efecto entonces no habría nada que decir y todo pasaría según la ley universal. Pero, no se sabe por qué, su instinto quiere, y, por consiguiente, la Naturaleza ordena que se estén tranquilos todo el tiempo que permanecen sobre la espalda de la abeja. Mientras ésta visita las flores, construye y llena de provisiones sus celdas, ellos esperan pacientemente su hora. Pero, tan pronto como la abeja pone un huevo, todos los triongulinos saltan sobre él y la inocente Coleta cierra cuidadosamente la celda bien provista de víveres, sin sospechar que aprisiona en ella al mismo tiempo la muerte de su progenitura.

Cerrada la celda, el inevitable y saludable combate de la selección natural empieza en seguida entre los triongulinos en torno del huevo único. El más fuerte, el más hábil, coge al adversario por el flanco, lo levanta por encima de su cabeza y lo mantiene así en sus mandíbulas horas enteras hasta que expira. Pero durante la batalla otro triongulino que se ha quedado solo o es ya vencedor de su rival, se apodera del huevo y empieza a comérselo. Entonces es preciso que el último vencedor mate a este enemigo, lo cual le es fácil porque el triongulino que sacia un hambre prenatal ataca tan obstinadamente el huevo que no piensa en defenderse.

Recibe la muerte, al fin, y el otro se encuentra solo en presencia del huevo tan precioso y tan bien ganado. Mete con avidez su cabeza en la abertura practicada por su antecesor y emprende una larga comida que debe transformarlo en insecto perfecto y proporcionarle los útiles necesarios para salir de la celda en que se halla secuestrado. Pero la Naturaleza, que quiere esa prueba de lucha, ha calculado, por otra parte, el premio de su triunfo con una precisión tan avara, que un huevo basta justamente para el alimento de un solo triongulino. «De manera —dice M. Mayet, a quien debemos la narración de esas desdichas—, de manera que a nuestro vencedor le falta toda la comida que su último enemigo absorbió antes de morir, e incapaz de sufrir la primera muda, muere a su vez, queda colgado de la piel del huevo, o va a aumentar, en el azucarado líquido, el número de los ahogados».

CAPÍTULO CATORCE

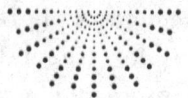

Este caso, aunque sea raramente tan claro, no es único en la Historia Natural. En él se ve al desnudo la lucha entre la voluntad consciente del triongulino que quiere vivir y la voluntad oscura y general de la Naturaleza, que desea igualmente que viva y hasta que fortifique y mejore su vida más de lo que su propia voluntad le impulsaría a hacerlo. Pero, por una inadvertencia extraña, el mejoramiento impuesto suprime la vida misma del mejor, y el *Sitaris Colletis* habría desaparecido desde hace mucho tiempo si muchos individuos, aislados por un azar contrario a las intenciones de la Naturaleza, no escapasen así a la excelente y previsora ley que exige en todas partes del triunfo del más fuerte.

¿Sucede, pues, que el gran poder que nos parece inconsciente, pero necesariamente sabio, puesto que la vida que organiza y que mantiene le da siempre razón, sucede, pues, que cae en el error? Su razón suprema, que invocamos cuando llegamos a los límites de la nuestra, ¿tendría acaso sus flaquezas? Y si ella las tiene, ¿quién las repara?

Pero volvamos a su intervención irresistible que toma la forma de la partenogénesis. No olvidemos que esos problemas que encontramos en un mundo que parece muy lejano del nuestro nos tocan de muy cerca. Desde luego, es probable que en nuestro propio cuerpo, del que estamos tan orgullosos, pase lo mismo. La voluntad o el espíritu de la

Naturaleza, operando en nuestro estómago, en nuestro corazón y en la parte inconsciente de nuestro cerebro, no debe de diferir mucho del espíritu o de la voluntad que ha puesto en los animales más rudimentarios, en las plantas y hasta en los minerales. Además, ¿quién osaría afirmar que no se producen jamás en la esfera consciente del hombre intervenciones más secretas, pero no menos peligrosas? En el caso que nos ocupa, ¿quién tiene razón, después de todo, la Naturaleza o la abeja? ¿Qué sucedería si ésta, más dócil y más inteligente, comprendiendo demasiado el deseo de la Naturaleza, lo siguiese hasta el extremo, y, puesto que reclama imperiosamente machos, los multiplicase hasta lo infinito? ¿No correría el peligro de destruir su especie? ¿Hemos de creer que hay intenciones de la Naturaleza que sería peligroso descubrir y funesto seguir con demasiado ardor y que uno de sus deseos consiste en que no se penetre ni se sigan todos sus deseos? ¿No hay en eso, por ventura, uno de los peligros que corre la raza humana? Nosotros también sentimos en nuestro ser fuerzas inconscientes que quieren todo lo contrario de lo que nuestra inteligencia reclama. Conviene que esta inteligencia que, de ordinario, después de haber dado la vuelta a sí misma, no sabe ya adonde ir, ¿conviene que reúna esas fuerzas y añada a ellas su peso inesperado?

CAPÍTULO QUINCE

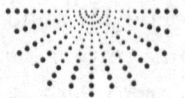

¿Tenemos derecho a deducir el peligro de la partenogénesis que la Naturaleza no sabe proporcionar siempre los medios al fin, que lo que ella pretende mantener se mantiene a veces gracias a otras precauciones que ha tomado contra sus precauciones mismas y a menudo también merced a circunstancias ajenas que no ha previsto? Pero ¿prevé algo?, ¿pretende mantener algo? Se dirá que la Naturaleza es una palabra con la cual cubrimos lo incognoscible, y pocos hechos decisivos autorizan a atribuirle un fin o una inteligencia. Es verdad. Manejamos aquí los vasos herméticamente cerrados que llenan nuestro concepto del universo. A fin de no poner en él invariablemente la inscripción *Desconocido*, que desalienta e impone silencio, grabamos, según la forma y las dimensiones, las palabras «Naturaleza», «Vida», «Muerte», «Infinito», «Selección», «Genio de la especie» y otras muchas, como nuestros antecesores fijaron en él los nombres de «Dios», «Providencia», «Destino», «Recompensa», etcétera. Es esto, si se quiere, y nada más. Pero si el interior permanece oscuro, hemos ganado al menos que, siendo las inscripciones menos amenazadoras, podemos acercarnos a los vasos, tocarlos y aplicar en ellos el oído con saludable curiosidad.

Pero cualquiera que sea el nombre que se le dé, lo cierto es que al menos uno de esos vasos, el más grande, el que lleva inscrita la palabra

«Naturaleza», encierra una fuerza muy real, la más real de todas, y que sabe mantener en nuestro Globo una cantidad y calidad de vida enorme y maravillosa por medios tan ingeniosos que puede decirse sin exageración que superan todo lo que el genio del hombre es capaz de organizar. Esa calidad y esa cantidad, ¿se mantendrían por otros medios? ¿Somos nosotros los que nos engañamos creyendo ver precauciones allí donde no hay quizá una casualidad feliz que sobrevive a un millón de casualidades desgraciadas?

CAPÍTULO DIECISÉIS

Es posible, pero esas casualidades felices nos dan entonces lecciones de admiración que igualan a las que encontraríamos por cima de la casualidad. No miremos solamente a los seres que tienen un destello de inteligencia o de conciencia y pueden luchar contra las leyes ciegas, no nos inclinemos siquiera sobre los primeros representantes nebulosos del reino animal que empiezan: los protozoarios. Las experiencias del célebre microscopista. M. H. J. Carter, F. R. S., prueban, en efecto, que una voluntad, deseos y preferencias se manifiestan ya en embriones tan íntimos como los mixomicetos, que hay movimientos de astucia en infusorios privados de todo organismo aparente, tales como la *amaeba* que acecha con solapada paciencia a las jóvenes *acinetas* a la salida del ovario materno, porque sabe que en aquel momento éstas aún no tienen tentáculos venenosos. Pues bien, la *amaeba* no posee sistema nervioso ni órgano de ninguna especie que se pueda observar. Vamos directamente a los vegetales, que son inmóviles y parecen sometidos a todas las fatalidades, y sin detenernos en las plantas carnívoras, por ejemplos en las *Droseras*, que obran realmente como los animales, estudiemos más bien el genio desplegado por las tales de nuestras flores más simples para que la visita de una abeja ocasione inevitablemente la fecundación cruzada que le es necesaria. Veamos el juego milagrosamente combinado del rostelo, de los retináculos, de la adherencia y de la inclinación matemática y automática de las polinias en el *Orquis Morio*, la humilde orquídea de nuestras comarcas[1]; desmontemos la doble báscula infalible de las antenas de la salvia, que vienen a tocar en un punto determinado el cuerpo del insecto que la visita para que a su vez toque en un punto preciso el estigma de una flor vecina; sigamos también los descolgamientos sucesivos y los cálculos del estigma de la pedicularia silvestre; veamos, a la entrada de la abeja, ponerse en movimiento todos los órganos de esas tres flores a modo de esos complicados mecanismos que se encuentran en nuestras ferias de pueblo y que se ponen en movimiento cuando un tirador hábil da en el blanco.

Podríamos descender aún; mostrar, como ha hecho Ruskin en sus *Ethics of the Dust*, las costumbres, el carácter y las astucias de los cristales, sus querellas, lo que hacen cuando un cuerpo extraño viene a turbar sus planes, que son más antiguos que todo lo que nuestra imaginación puede concebir; la manera con que admiten o rechazan al enemigo; la victoria posible del más débil sobre el más fuerte, por ejemplo, el cuarzo todopoderoso, que cede cortésmente al humilde y solapado epídote y permite que se le sobreponga; la lucha, ora espantosa, ora magnífica del cristal de roca con el hierro; la expansión regular, inmaculada y la pureza intransigente de tal bloque hialino que rechaza de antemano todas las manchas, y el crecimiento enfermizo, la inmoralidad evidente de su hermano, que las acepta y se tuerce miserablemente en el vacío; podríamos invocar los extraños fenómenos de cicatrización y de reintegración cristalina de que habla Claudio Bernard, etcétera... Pero aquí el misterio nos es demasiado ajeno. Limitémonos a las flores, que son las últimas figuras de una vida que aún tiene alguna relación con la nuestra. No se trata ya de animales o insectos que suponemos dotados de una voluntad inteligente y particular, gracias a la cual sobreviven. Con razón o sin ella no les atribuimos ninguna. En todo caso, no podemos encontrar en ellas la menor huella de esos órganos en que nacen y residen habitualmente la voluntad, la inteligencia, la iniciativa de una acción. Por consiguiente, lo que obra en ellas de un modo tan admirable dimana directamente de lo que en otra parte llamamos la Naturaleza.

No es ya la inteligencia del individuo, sino la fuerza inconsciente e indivisa, que tiende lazos a otras formas propias de sí misma.

¿Deduciremos de ello que esos lazos son otra cosa que puros accidentes fijados por una rutina también accidental? No tenemos derecho a hacerlo. Puede decirse que, por falta de esas combinaciones milagrosas, esas flores no hubieran sobrevivido, pero que otras, que no hubieran tenido necesidad de la fecundación cruzada, las hubiesen remplazado sin que nadie hubiera notado la no existencia de las primeras, sin que la vida que ondula sobre la tierra nos hubiese parecido menos incomprensible, menos diversa y menos sorprendente.

---

1. Es imposible dar aquí el detalle de ese lazo maravilloso descrito por Darwin. He aquí el resumen: El polen, en el *Orquis Morio*, no es pulverulento, sino aglomerado en forma de pequeñas mazas llamadas, *polinias*. Cada una de estas mazas (son dos) tiene en su extremidad inferior una rodaja viscosa (el *retináculo*), encerrado en una especie de saco membranoso (el *rostelo*) que el menor contacto hace estallar. Cuando una abeja se posa sobre la flor, su cabeza, al adelantarse para chupar el néctar, toca el saco membranoso, que se rasga y pone al descubierto las dos rodajas viscosas. Las polinias, gracias a la liga de las rodajas, se pegan a la cabeza del insecto, el cual, al retirarse de la flor, se las lleva como dos cuernos bulbosos. Si esos dos cuernos cargados de polen permaneciesen derechos y rígidos, en el momento en que la abeja penetra en una orquídea vecina, tocarían y harían estallar simplemente el saco membranoso de la segunda flor, pero no alcanzarían al *estigma* u órgano hembra que se trata de fecundar y que está colocado debajo del saco membranoso. El genio del *Orquis Morio* ha previsto la dificultad, y al cabo de treinta segundos, es decir, en el poco tiempo necesario al insecto para acabar de chupar el néctar y trasladarse a otra flor, el mando de la pequeña maza se seca y se encoge, siempre por el mismo lado y en el mismo sentido; el bulbo que contiene el polen se inclina y su grado de inclinación está calculado de tal manera que en el momento en que la abeja entre en la flor vecina se encontrará justamente al nivel del estigma sobre el cual debe esparcir su polvo fecundante. (Véase para todos los detalles de este drama íntimo del mundo inconsciente de las flores el admirable estudio de Ch. Darwin: *De la fecundación de la orquídea por los insectos y de los buenos efectos del cruzamiento*, 1862).

CAPÍTULO DIECISIETE

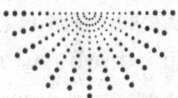

Y, sin embargo, sería difícil no reconocer que unos actos que tienen todo el aspecto de actos de prudencia y de inteligencia provocan y sostienen las casualidades felices. ¿De dónde emanan? ¿Del objeto mismo o de la fuerza de donde toma la vida? No diré «poco importa»; al contrario, nos importaría enormemente saberlo. Pero mientras lo averiguamos, ya sea la flor la que se esfuerza por mantener y perfeccionar la vida que la Naturaleza ha puesto en ella, ya sea la Naturaleza la que hace el esfuerzo para mantener y mejorar la parte de existencia que la flor ha tomado, ya sea, en fin, la casualidad la que acaba por regularizar la casualidad, una multitud de apariencias nos invitan a creer que algo de igual a nuestros pensamientos más elevados sale por momentos de un fondo común que hemos de admirar sin poder decir dónde se encuentra.

Nos parece a veces que de ese fondo común sale un error. Pero, aunque sepamos muy pocas cosas, tenemos con frecuencia ocasión de reconocer que el error es un acto de prudencia que no estaba al alcance de nuestras primeras miradas. Hasta en el pequeño círculo que nuestra vista abarca podemos descubrir que, si la Naturaleza parece engañarse aquí, es que considera útil rectificar allá su supuesta inadvertencia. Ha puesto a las tres flores de que hablamos en condiciones tan difíciles que no pueden fecundarse a sí mismas, pero es que juzga provechoso, sin que sepamos por qué, que esas tres flores se hagan fecundar por sus vecinas, y el genio que no ha mostrado a nuestra derecha lo manifiesta a nuestra izquierda, activando la inteligencia de sus víctimas. Los rodeos de ese genio siguen siendo inexplicables para nosotros, pero su nivel sigue siendo el mismo. Parece caer en un error, admitiendo que un error sea posible; pero se levanta inmediatamente en el órgano encargado de repararlo. Doquiera dirijamos la vista domina nuestra cabeza. Es el océano circular, la inmensa sabana de agua sin escala de nivel sobre la cual nuestros pensamientos más audaces y los más independientes no serán más que burbujas sumisas. Hoy la llamamos Naturaleza y mañana le encontraremos quizás otro nombre, más terrible o más dulce. Mientras tanto reina a la vez y con un espíritu igual sobre la vida y proporciona a las dos hermanas irreconciliables las armas magníficas o familiares que destruyen y que adornan su seno.

CAPÍTULO DIECIOCHO

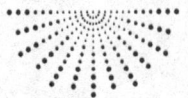

En cuanto a saber si toma precauciones para mantener lo que se agita en su superficie, o si es preciso cerrar el más extraño de los círculos diciendo que lo que se agita en su superficie toma precauciones contra el genio mismo que lo hace vivir, son cuestiones reservadas. Nos es imposible conocer si una especie ha sobrevivido a pesar de los cuidados peligrosos de la voluntad superior, independientemente de éstos, o, en fin, gracias a ellos solos.

Lo que podemos saber es que la tal especie subsiste y que por consiguiente, la Naturaleza parece tener razón sobre ese punto. Pero ¿quién nos dirá cuántas otras, que no hemos conocido, cayeron víctimas de su inteligencia olvidadiza o inquieta? Lo que podemos saber también son las formas sorprendentes y a veces enemigas que toman, ora en la inconsciencia absoluta ora en una especie de conciencia, el fluido extraordinario que se llama vida, que nos anima al mismo tiempo que a todo lo demás y que es lo mismo que produce nuestros pensamientos que lo juzgan y nuestra pequeña voz que se esfuerza en hablar de él.

LIBRO QUINTO : EL VUELO NUPCIAL

CAPÍTULO UNO

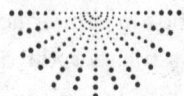

Veamos ahora de qué manera se efectúa la fecundación de la reina abeja. En esto la Naturaleza ha tomado también medidas extraordinarias para favorecer la unión de los machos y de las hembras nacidos en troncos diferentes; ley extraña que nadie la obliga a decretar, capricho o quizás inadvertencia inicial cuya repetición gasta las fuerzas más maravillosas de su actividad.

Es probable que si la Naturaleza hubiese empleado en asegurar la vida, en atenuar el sufrimiento, en endulzar la muerte, en apartar los azares terribles, la mitad del genio que prodiga en torno de la fecundación cruzada y de algunos otros deseos arbitrarios, el Universo nos hubiera ofrecido un enigma menos incomprensible, menos lastimoso que el que procuramos penetrar. Pero conviene buscar nuestra conciencia y el interés que en la existencia tomamos, no en lo que hubiera podido ser, sino en lo que es.

En torno de la reina virginal, y viviendo con ella entre la multitud de la colmena, se agitan centenares de machos exuberantes, siempre ebrios de miel, cuya única razón de existir es un acto de amor. Pero a pesar del contacto incesante de dos inquietudes que en todas partes, fuera de aquí, vencen todos los obstáculos, jamás se opera la unión en la colmena y nunca se ha logrado hacer fecunda a una reina cautiva[1]. Los amantes que la rodean ignoran lo que es mientras permanece entre ellos. Sin sospechar que acaban de separarse de ella, que duermen con ella sobre los mismos panales, quizá le han dado empujones en su salida impetuosa, van a pedirla al espacio, a los valles más recónditos del horizonte. Diríase que sus ojos admirables, que cubren toda su cabeza como un fulgurante casco, no la reconocen ni la desean sino cuando se cierne en el espacio azul. Cada día, de once a tres, cuando la luz celeste brilla en todo su esplendor y, sobre todo, cuando el mediodía despliega hasta los confines del cielo sus grandes alas azules para atizar las llamas del sol, la horda empenachada se precipita en busca de la esposa más real y más inesperada que en ninguna leyenda de princesa inaccesible, puesto que la rodean veinte o treinta tribus, que han acudido de todas las ciudades de los contornos, para hacerle un cortejo de más de diez mil pretendientes, y puesto que, entre esos millares, uno solo será elegido, para un beso único de un solo minuto, que le casará con la muerte al mismo tiempo que con la felicidad, mientras que todos los demás volarán inútilmente en torno de la pareja abrazada y perecerán pronto sin volver a ver la aparición prestigiosa y fatal.

---

1. El profesor *Monsieur* Lain ha conseguido no ha mucho tiempo fecundar artificialmente algunas reinas; pero después de una verdadera operación quirúrgica, delicada y complicada. Por lo demás, la fecundidad de dichas reinas fue restringida y efímera.

CAPÍTULO DOS

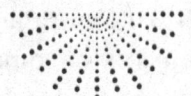

No exagero esa sorprendente y loca prodigalidad de la Naturaleza. En las mejores colmenas se cuentan habitualmente cuatrocientos o quinientos machos. En las colmenas degeneradas o más débiles se encuentran a menudo cuatro o cinco mil, pues cuanto más decae una colmena más zánganos produce. Puede decirse que, por término medio, un colmenar compuesto de diez colonias disemina por el aire, en un momento, un pueblo de diez mil machos, de los cuales sólo diez o quince a lo sumo tendrán probabilidades de realizar el acto único para el cual nacieron.

Mientras tanto agotan las provisiones de la ciudad, y el trabajo incesante de cinco a seis horas basta apenas para alimentar el ocio voraz de cada uno de esos parásitos, que no tienen de infatigable más que la boca. Pero la Naturaleza es siempre magnífica cuando se trata de las funciones y los privilegios del amor. Sólo escatima los órganos y los instrumentos del trabajo. Es particularmente avara de todo lo que los hombres han llamado virtud. En cambio, esparce con mano pródiga joyeles y favores por el camino de los amantes menos dignos de interés. Grita por todas partes:

«Uníos, multiplicaos; no hay más ley ni más fin que el amor», sin perjuicio de añadir a media voz: «Y durad, pues, si podéis, que eso ya no me importa». En vano se hace o se quiere otra cosa; en todas partes se encuentra esa moral tan diferente de la nuestra. Ved también, en los mismos pequeños seres, su avaricia injusta y su fausto insensato. Desde que nace hasta que muere, la austera recolectora tiene que ir lejos, a los bosques más espesos, en busca de una multitud de flores que se ocultan. Tiene que descubrir en los laberintos de los nectarios y en las secretas espesuras de las antenas la miel y el polen ocultos. Sin embargo, sus ojos y sus órganos olfativos son como ojos y órganos de enfermos, comparados con los de los machos. Aunque éstos estuviesen casi ciegos y privados de olfato, no sufrirían mucho por eso; apenas lo sabrían; no tienen nada que hacer, ninguna presa que perseguir. Les traen alimentos preparados y pasan su existencia en sorber la miel en los panales mismos, en la oscuridad de la colmena. Pero son los agentes del amor, y los dones más enormes y más útiles son echados a manos llenas al abismo del porvenir. De cada mil, uno tendrá que descubrir, una vez en su vida, en el espacio azul, la presencia de la virgen real. De cada mil, uno deberá seguir, un instante en el espacio, la pista de la hembra, que no trata de huir. Esto basta. El poder parcial abrió al extremo y hasta el delirio sus inauditos tesoros. A cada uno de sus amantes improbables, novecientos noventa y nueve de los cuales serán degollados pocos días después de las bodas mortales del milésimo, ha dado trece mil ojos a cada lado de la cabeza, cuando la obrera tiene seis mil. Ha provisto sus antenas, según los cálculos de Cheshire, de treinta y siete mil ochocientas cavidades olfativas, cuando la obrera posee menos de cinco mil. Elocuente ejemplo de la desproporción que casi en todas partes se observa entre los dones que otorga el amor y los que escatima al trabajo, entre el favor que derrama sobre lo que exalta la vida en el placer y la indiferencia en que abandona lo que pacientemente se mantiene en la labor. El que quisiera pintar con exactitud el carácter de la Naturaleza, según los rasgos que aquí se encuentran, no haría más que una figura extraordinaria que no tendría nada que ver con nuestro ideal, que, sin embargo, debe provenir también de ella. Pero el hombre ignora demasiadas cosas para emprender esa pintura en que sólo sabría poner una gran sombra con dos o tres puntos de una luz incierta.

CAPÍTULO TRES

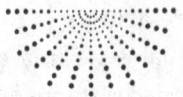

Se me figura que son pocos los que han violado el secreto de las bodas de la reina abeja, que se verifican en los repliegues infinitos y deslumbradores de un hermoso cielo. Pero es posible sorprender la vacilante partida de la desposada y el mortal regreso de la esposa.

A pesar de su impaciencia, elige su día y su hora y espera a la sombra de las puertas que una mañana maravillosa se derrame en el espacio nupcial del fondo de las grandes urnas azuladas. Le gusta el momento en que un poco de rocío baña con un recuerdo las hojas y las flores; en que la última frescura del alba desfalleciente lucha en su derrota con el ardor del día, como una virgen desnuda en brazos de un robusto guerrero; en que el silencio y las rosas del mediodía que se acerca dejan penetrar todavía, acá y acullá, algún perfume de las violetas de la mañana y algún grito transparente de la aurora.

Aparece entonces en el umbral, en medio de la indiferencia de las colectoras, que no interrumpen su trabajo, o rodeada de obreras desconcertadas, según que deje hermanas en las colmenas o que ya no sea posible reemplazarla. Emprende su vuelo a reculones, vuelve dos o tres veces a la tablilla de abordaje, y cuando ha grabado en su espíritu el aspecto y la situación exacta de su reino que nunca vio de fuera, parte como una flecha hacia el cenit del azulado espacio. Elévase así a una altura y a una zona luminosas que las demás abejas no afrontan en ninguna época de su vida. A distancia, en torno de las flores en que flota su pereza, los machos han notado la aparición y respirado el perfume magnético que se esparce hasta las colmenas vecinas. En seguida las hordas se juntan y se lanzan en su seguimiento al mar de alegría cuyos transparentes límites cambian de sitio. La reina, ebria de sus alas, y obedeciendo la magnífica ley de la especie, que elige para ella su amante y quiere que sólo el más fuerte la alcance en la soledad del éter, sube y sube, y el aire azul de la mañana penetra por primera vez en sus estigmas abdominales y canta como la sangre del cielo en las mil redecillas unidas a los sacos tráqueos que ocupan la mitad de su cuerpo y se nutren del espacio. Y sigue subiendo. Es preciso que alcance una región desierta que ya no frecuentan las aves, que podían turbar el misterio. Se eleva aún más, y ya la tropa desigual disminuye y se desgrana bajo ella. Los débiles, los achacosos, los viejos, los raquíticos, los mal alimentados de las colmenas inactivas o miserables, renuncian a la persecución y desaparecen en el vacío. Ya sólo queda en suspenso, en el ópalo infinito, un pequeño grupo infatigable. Ella pide un último esfuerzo a sus alas y el elegido de las fuerzas incomprensibles la alcanza, la acoge, la penetra, y, llevada de un doble impulso, la espiral ascendente de su vuelo enlazado remolina un segundo en el delirio hostil del amor.

CAPÍTULO CUATRO

La mayor parte de los seres tienen el sentimiento confuso de que un azar muy precario, una especie de membrana transparente, separa la muerte del amor y de que la idea profunda de la Naturaleza quiere que se muera en el momento en que se transmite la vida. Es probablemente ese temor hereditario lo que da tanta importancia al amor. Esa idea cuyo recuerdo se cierne todavía sobre el peso de los hombres se realiza aquí en su sencillez primitiva. Inmediatamente, después de realizada la unión, el vientre del macho se entreabre, el órgano se desprende, arrastrando la masa de las entrañas, las alas se pliegan, y, fulminado por el rayo nupcial, el cuerpo vaciado da vueltas y cae en el abismo.

La misma idea que, hace poco, en la partenogénesis, sacrificaba el porvenir de la colmena a la multiplicación insólita de los machos, sacrifica aquí el macho al porvenir de la colmena.

Esa idea asombra siempre; cuanto más se la interroga, más disminuyen las certezas, y Darwin, por ejemplo, por citar al hombre que la ha estudiado con más pasión y método, Darwin, sin confesarlo claramente, se desconcierta a cada paso y retrocede ante lo inesperado y lo inconciliable.

Vedle, si queréis asistir al espectáculo noblemente humillante del genio humano en la lucha con el poder infinito; vedle procurando aclarar las leyes extrañas, increíblemente misteriosas e incoherentes, de la esterilidad y de la fecundidad de los híbridos o las de la variabilidad de los caracteres específicos y genéricos. Apenas ha formulado un principio cuando le asaltan excepciones sin número, y en seguida el principio agobiado se alegra de encontrar asilo en un rincón y de conservar, por excepción, un resto de existencia.

En que en el hibridismo, en la variabilidad (principalmente en las variaciones simultáneas llamadas correlación del desarrollo), en el instinto, en los procedimientos de la concurrencia vital, en la selección, en la sucesión geológica y en la distribución geográfica de los seres organizados, en las afinidades mutuas, como en todo lo demás, la idea de la Naturaleza es minuciosa y negligente, económica y disipadora, previsoras y descuidada, inconstante y firme, agitada e inmóvil, una e innumerable, grandiosa y mezquina al mismo tiempo y en el mismo fenómeno. Teniendo delante el campo inmenso y virgen de la sencillez, lo puebla de pequeños errores, de pequeñas leyes contradictorias, de pequeños problemas difíciles que se pierden en la existencia con rebaños ciegos. Cierto es que todo eso pasa en nuestros ojos, que no reflejan más que una realidad apropiada a nuestra talla y a nuestras necesidades, y que nada nos autoriza a creer que la Naturaleza pierde de vista sus causas y sus resultados extraviados.

En todo caso es raro que les permita ir demasiado lejos, acercarse a regiones ilógicas y peligrosas. Dispone de dos fuerzas que siempre tienen razón, y, cuando los fenómenos pasan ciertos límites, hace señal a la vida o a la muerte, que vienen a restablecer el orden y a trazar de nuevo la ruta con indiferencia.

CAPÍTULO CINCO

Se nos escapa por todas partes, desconoce la mayor parte de nuestras reglas y rompe todas nuestras medidas. A nuestra derecha, está muy por debajo de nuestro pensamiento; pero, a nuestra izquierda, lo domina bruscamente como una montaña. A cada momento nos parece que se equivoca, lo mismo en el mundo de sus primeras experiencias que en el de las últimas; me refiero al mundo del hombre. Sanciona en él el instinto de la masa oscura, la injusticia inconsciente del número, la derrota de la inteligencia y de la virtud, la moral sin grandeza que guía la gran oleada de la especie y que es manifiestamente inferior a la moral que puede concebir y desear el espíritu que se une a la pequeña oleada más clara que remonta el río. Sin embargo, ¿hace mal este mismo espíritu en preguntarse hoy si su deber no está en buscar toda verdad por consiguiente, tanto las verdades morales como las otras, más bien en ese caos que en sí mismo, donde parecen relativamente tan claras y precisas?

Este espíritu no piensa renegar de la razón ni de la virtud de su ideal consagrado por tantos héroes y por tantos sabios; pero a veces se dice que quizás ese ideal se ha formado demasiado aparte de la masa enorme cuya belleza difusa pretende representar. Con razón se ha podido temer hasta ahora que, adaptando su moral a la Naturaleza, hubiese destruido lo que le parece ser la obra maestra de la Naturaleza misma. Pero ahora que conoce a ésta algo mejor y que algunas respuestas todavía oscuras, pero de una amplitud imprevista, le han hecho entrever un plan y una inteligencia más vastos que todo lo que podía imaginar, encerrándose en sí mismo, tiene menos miedo, no tiene ya una necesidad tan imperiosa de su refugio de virtud y de razón particulares. Juzga que lo que es tan grande no podría enseñar a disminuirse. Quisiera saber si no ha llegado el momento de someter a un examen más juicioso sus principios, sus certidumbres y sus sueños. Lo repito: no piensa abandonar su ideal humano. Lo mismo que desde luego disuade de este ideal enseña a volver a él. La Naturaleza no puede dar malos consejos a un espíritu a quien toda verdad que no sea al menos tan noble como la verdad de su propio deseo no parece bastante elevada para ser definitiva y digna del plan que procura abarcar. Nada cambia de puesto en su vida a no ser para elevarse con él, y durante mucho tiempo se dirá todavía que sigue elevándose cuando se acerca a la antigua imagen del bien. Pero en su pensamiento todo se transforma con una libertad más grande y puede descender impunemente en su apasionada contemplación hasta amar como virtudes, las contradicciones más crueles e inmorales de la vida, porque tienen el presentimiento de que una multitud de valles sucesivos conducen a la meseta que espera. Esa contemplación y ese amor no impiden que, buscando la certeza, y aun cuando sus investigaciones lo conduzcan a lo contrario de lo que ama, ajuste su conducta a la verdad más humanamente bella y se atenga a lo provisional más elevado. Todo lo que aumente la virtud bienhechora entra inmediatamente en su vida; todo lo que la disminuye queda en ella en suspenso, como esas sales insolubles que no se mueven sino a la hora de la experiencia decisiva. Puede aceptar una verdad inferior; mas, para obrar según esa verdad, esperará, durante siglos si es necesario, descubrir la relación que esa verdad debe tener con infinitas verdades para abarcar y superar a las demás.

En una palabra: separa el orden moral del orden intelectual y no admite en el primero sino lo que es más grande y más bello que antes. Y si es censurable separar esas dos órdenes, como se hace con demasiada frecuencia en la vida, para obrar menos bien de lo que se piensa; ver lo peor y seguir lo mejor, dirigir su acción por encima de su idea, es siempre bueno y razonable, pues la experiencia humana nos permite esperar más claramente, de día en día que el pensamiento más elevado que podamos alcanzar será duramente mucho tiempo todavía inferior a la misteriosa verdad que buscamos. Por lo demás, aunque nada de lo que precede fuese verdad, le quedaría al espíritu humano una razón simple y natural para no abandonar todavía su ideal. Cuando más fuerza concede a las leyes que parecen proponer el ejemplo del egoísmo, de la injusticia y de la crueldad, tanto más aporta al mismo tiempo a las otras que aconsejan la generosidad, la piedad, la justicia, pues desde el momento que empieza a igualar y a proporcionar más metódicamente las partes que señala el Universo y a sí mismo, encuentra en estas últimas leyes algo tan profundamente natural como en las primeras, puesto que se hallan inscritas tan profundamente en él como lo están las otras en todo lo que le rodea.

CAPÍTULO SEIS

V olvamos a las bodas trágicas de la reina. En el ejemplo que nos ocupa, la Naturaleza quiere, pues, con la mira de la fecundación cruzada, que la cópula del zángano con la reina sólo sea posible en pleno cielo. Pero sus deseos se mezclan como una red y sus leyes más caras tienen que pasar de continuo a través de las mallas de otras leyes que en seguida pasarán, a su vez, a través de las mallas de las primeras.

Habiendo poblado ese mismo cielo de innumerables peligros, de vientos fríos, de corrientes, de tempestades, de vértigos, de aves, de insectos, de gotas de agua que obedecen también a las leyes invencibles, es preciso que ella tome medidas para que ese acoplamiento sea lo más breve posible. Lo es gracias a la muerte fulminante del macho. Un abrazo basta y la continuación del himeneo se realiza en el seno mismo de la esposa.

Ésta, desde las cerúleas alturas, vuelve a bajar a la colmena mientras vibran detrás de ella, como oriflamas, las entrañas desenrolladas del amante. Algunos apidólogos afirman que a ese regreso lleno de promesa las obreras manifiestan una gran alegría. Büchner, entre otros, hace de ello una descripción detallada. Yo he observado muchas veces esos regresos nupciales y confieso no haber notado gran agitación insólita, a no ser cuando se trataba de una reina joven salida al frente de un enjambre y que representaba la única esperanza de una ciudad recién fundada y todavía desierta. Entonces todas las trabajadoras se hallan inquietas y se precipitan a su encuentro. Pero ordinariamente, y aunque el peligro que corre el porvenir de la ciudad sea a menudo tan grande, parece que lo olvidan. Lo previeron todo hasta el momento en que permitieron la matanza de las reinas rivales. Pero de ahí no pasa su instinto, hay como una laguna en su prudencia. Parecen, pues, bastante indiferentes. Levantan la cabeza, reconocen quizás el testimonio mortal de la fecundación; pero, todavía recelosas, no manifiestan la alegría que nuestra imaginación esperaba. Positivas y lentas en ilusionarse, antes de entregarse a la alegría, esperan probablemente otras pruebas. No conviene querer a toda costa que sean lógicas ni humanizar en extremo todos los sentimientos de pequeños seres tan diferentes de nosotros. Con las abejas, como con todos los animales que llevan en sí un reflejo de nuestra inteligencia, se llega raramente a resultados tan precisos como los que se describen en los libros. Demasiadas circunstancias siguen siéndonos desconocidas. ¿Por qué mostrar a las abejas más perfectas de lo que son, diciendo lo que no existe? Si algunos juzgan que serían más interesantes si fuesen iguales a nosotros es que aún no tienen idea exacta de lo que debe despertar el interés de un espíritu sincero. El objeto del observador no consiste en maravillar, sino en comprender, y es tan curioso señalar simplemente las lagunas de una inteligencia y todos los indicios de un régimen cerebral que difiere del nuestro como contar maravillas de uno y otra.

Sin embargo, la indiferencia no es unánime, y cuando la reina, jadeante, llega a la tablilla de abordaje, fórmanse algunos grupos que la acompañan al interior, donde el sol, héroe de todas las fiestas de la colmena, penetra a pasos cortos y temerosos y baña de luz y sombra los muros de cera y las cortinas de miel. La nueva desposada no se turba más que su pueblo y no hay puesto para numerosas emociones en su estrecho cerebro de reina práctica y bárbara. No tiene más que una preocupación: la de desprenderse lo más pronto posible de los recuerdos importunos del esposo que estorban su marcha. Se sienta en el umbral, y arranca con cuidado los órganos inútiles que varias obreras van a echar lejos, porque el macho le dio todo lo que poseía y mucho más de lo necesario. Ella no guarda, en su espermateca, más que el líquido seminal en que nadan millones de gérmenes que, hasta su último día, vendrán uno por uno, al paso de los huevos, a realizar en la sombra de su cuerpo la unión misteriosa del elemento macho y hembra de que nacerán las obreras. En virtud de un cambio curioso, es ella la que proporciona el principio macho, y el macho, el principio hembra. Dos días después de la cópula, ella pone sus primeros huevos, y en seguida el pueblo la rodea de minuciosos cuidados. Desde aquel momento, dotada de un doble sexo, encerrando en sí un macho inagotable, empieza su verdadera vida; no sale nunca más de la colmena, no vuelve a ver la luz del día a no ser para acompañar un enjambre, y su fecundidad no cesa hasta las proximidades de la muerte.

CAPÍTULO SIETE

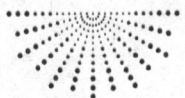

¡Prodigiosas bodas, las más fantásticas que podamos imaginar, azuladas y trágicas, arrebatadas por el impulso del deseo por encima de la vida, fulminantes e impresionables, únicas y deslumbradoras, solitarias e infinitas! ¡Admirables embriagueces en que la muerte, sobrevenida en lo que hay de más límpido y bello en torno de esta esfera: el espacio virginal y sin límites, fija en la transparencia augusta del gran cielo el segundo de la felicidad, purifica en la luz inmaculada lo que el amor tiene siempre de algo miserable, hace inolvidable el beso y, contentándose esta vez con un diezmo indulgente, cuida con sus manos momentáneamente maternales de introducir y juntar para un largo porvenir inseparable, en un solo cuerpo, dos pequeñas vidas frágiles!

La verdad profunda no tiene esa poesía, posee otra que somos menos aptos para discernir, pero que acabaremos quizá por comprender y amar. La Naturaleza no ha cuidado de procurar a esos dos «resúmenes de átomo», como los llamaría Pascal, un matrimonio resplandeciente, un ideal minuto de amor. No ha tenido más mira (ya lo hemos dicho) que el mejoramiento de la especie por la fecundación cruzada. Para asegurarla ha dispuesto el órgano del macho de una manera tan particular que le es imposible hacer uso de él como no sea en el espacio. Es preciso, desde luego, que con un vuelo prolongado dilate completamente sus dos grandes sacos tráqueos. Esas enormes vejigas que se llenan de aire impelen entonces las partes bajas del abdomen y permiten la ejercitación del órgano. He aquí todo el secreto fisiológico: bastante vulgar, dirán unos; casi enojoso, afirmarán otros, del vuelo admirable de los amantes, de la deslumbradora persecución de esas bodas magníficas.

CAPÍTULO OCHO

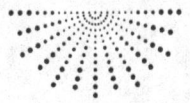

«¿Y nosotros —se pregunta un poeta— deberemos regocijarnos siempre por cima de la verdad?».
Sí; a propósito de todo, en todo momento, en todas las cosas, regocijémonos, no por cima de la verdad, lo cual es imposible, puesto que ignoramos dónde se encuentra, sino por cima de las pequeñas verdades que vislumbramos. Si algún azar, algún recuerdo, alguna ilusión, alguna pasión, cualquier motivo, en una palabra, hace que un objeto se nos aparezca más bello que a los demás, ese motivo, desde luego, debe sernos grato. Quizá no es más que un error, pero el error no impide que el momento en que el objeto nos parece más admirable sea aquél en que tenemos más probabilidades de discernir su verdad. La belleza que le atribuimos dirige nuestra atención hacia su belleza y su elevación reales, que no son fáciles de descubrir, y se encuentran en las relaciones que todo objeto tiene necesariamente con leyes, con fuerzas generales y eternas. La facultad de admirar que habremos hecho nacer a propósito de una ilusión no será perdida para la verdad, que vendrá tarde o temprano. Es con palabras y con sentimientos, es en el calor desarrollado por antiguas bellezas imaginarias, donde la Humanidad acoge hoy verdades que quizá no hubieran nacido, y no hubiesen podido encontrar un ambiente favorable, si esas ilusiones sacrificadas no hubiesen ocupado antes el corazón y la mente en que

las verdades van a penetrar. ¡Dichosos los ojos que no necesitan ilusión para ver que el espectáculo es grande! A los demás, es la ilusión la que les enseña a ver, admirar y gozar. Y por más alto que miren será demasiado. Al acercarnos a la verdad, ésta se eleva, y, al admirarla, nos acercamos a ella. Y por alto que gocen los ojos no gozarán jamás en el vacío ni por cima de la verdad desconocida y eterna que subsiste sobre todas las cosas como belleza en suspenso.

CAPÍTULO NUEVE

¿**E**s decir, que nos apegaremos a las mentiras, a una poesía voluntaria e irreal, y que, a falta de otra cosa mejor, no gozaremos sino en ellas? ¿Es decir, que en el ejemplo que tenemos a la vista —no es nada en sí, pero nos detenemos en él porque representa a otros mil y toda nuestra actitud en presencia de diversos órdenes de verdades—, es decir, que en ese ejemplo descuidaremos la explicación fisiológica para no retener y saborear más que la emoción de ese vuelo nupcial, que, sea cual fuere su causa, no deja de ser uno de los actos líricos más hermosos de esa fuerza súbitamente desinteresada e irresistible a que obedecen todos los seres vivos y que se llama el amor? Nada sería más pueril, nada sería más imposible, gracias a las excelentes costumbres que hoy han adquirido todos los espíritus de buena fe.

El pequeño hecho de la ejercitación del órgano del zángano, que no puede tener efecto sino después de la hinchazón de las vesículas tráqueas, lo admitimos evidentemente porque es incontestable. Pero si nos contentásemos con él, si nada mirásemos más allá, si de él sacásemos por consecuencia que todo pensamiento que va demasiado lejos o demasiado arriba hace mal necesariamente y que la verdad se encuentra siempre en el detalle material; si no buscásemos, dondequiera, en certidumbres a menudo más extensas que las que la pequeña explicación nos ha obligado a abandonar, por ejemplo, en el extraño misterio de la fecundación cruzada, en la perpetuidad de la especie y de la vida, en el plan de la Naturaleza; si no buscásemos en ello una continuación de esta explicación, un prolongamiento de belleza y de grandeza en lo desconocido, casi me atrevo a asegurar que pasaríamos nuestra existencia a mayor distancia de la verdad que los que se obstinan ciegamente en la interpretación poética y enteramente imaginaria de esas bodas maravillosas. Se engañan evidentemente sobre la forma o el matiz de la verdad, pero viven bajo su impresión y en su atmósfera mucho mejor que los que se precian de tenerla toda entera en la mano. Están preparados para recibirla, hay en ellos un espacio más hospitalario, y, si no la ven, dirigen al menos los ojos hacia el punto de belleza y de grandeza en que es bueno creer que se encuentra.

Ignoramos el fin de la Naturaleza, que es para nosotros la verdad que domina a todas las otras. Mas por el amor mismo de esa verdad, y para mantener en nuestra alma el ardor de su investigación, es necesario que la creamos grande. Y si un día reconocemos que nos hemos equivocado, que es pequeña e incoherente, gracias a la animación que nos había dado su presumida grandeza, descubrimos su pequeñez, y esa pequeñez, cuando sea cierta, nos enseñará lo que debe hacerse. Mientras tanto, no está de más, para ir en su busca, poner en movimiento todo lo que nuestra razón y nuestro corazón poseen de más poderoso y de más audaz. Y cuando la última palabra de todo eso fuese miserable, no será poco el haber puesto al desnudo la pequeñez o la inanidad del objeto de la Naturaleza.

CAPÍTULO DIEZ

«Aún no hay verdad para nosotros —me decía uno de los grandes filósofos contemporáneos cierto día en que me paseaba con él por el campo —; aún no hay verdad, pero hay en todas las partes tres buenas apariencias de verdad. Cada cual hace su elección o más bien la soporta, y esa elección, que soporta o que hace a menudo sin reflexionar y en la cual se mantiene, determina la forma y la conducta de todo lo que penetra en él. El amigo que encontramos, la mujer que se acerca sonriendo, el amor que abre nuestro corazón, la muerte o la tristeza que vuelven a cerrarlo, el cielo de setiembre que contemplamos, este jardín soberbio y encantador, en que se ven, como en la *Psiquis*, de Corneille, "glorietas de verdura sostenidas por términos dorados", el rebaño que pace y el pastor que duerme, las últimas casas de la aldea, el océano entre los árboles; todo se achica o se agranda, todo se engalana o se despoja antes de entrar en nosotros, según la pequeña señal que le hace nuestra elección. Aprendamos a elegir la apariencia. En el declive de una vida en que tanto he buscado la pequeña verdad y la causa física, empiezo a querer, no lo que aleja de ellas, sino lo que las precede, y, sobre todo, lo que las deja un poco atrás».

Habíamos llegado a la cima de una meseta de ese país de Caux, en Normandía, que es suave como un parque inglés, pero un parque natural y sin límites. Es uno de los raros puntos del Globo en que la campiña se muestra completamente sana, de un verde sin debilidad. Un poco más al Norte, la amenaza la aspereza; un poco más al Sur, el sol la fatiga y la tuesta. Al extremo de una planicie que se extiende hasta el mar, varios campesinos edificaban una pila.

«Mire usted —me dijo—: vistos tan desde aquí, son hermosos. Construyen esa cosa tan sencilla y tan importante que es por excelencia el momento feliz y casi invariable de la vida humana que se fija: una pila de haces de trigo. La distancia y el aire de la tarde hacen de sus gritos de alegría una especie de canto sin letra que responde al noble canto de las hojas que hablan sobre nuestras cabezas. Encima de ellos, el cielo es magnífico, como si espíritus benévolos, provistos de palmas de fuego, hubiesen barrido toda la luz hacia la pila para iluminar más tiempo el trabajo. Y la huella de las palmas ha quedado en el cielo. Vea usted la humilde iglesia que los domina y vigila, a mitad de la costa, entre los copudos tilos y el césped del cementerio familiar que mira al océano natal. Levantan armoniosamente su monumento de vida bajo los monumentos de sus muertos que hicieron los mismos gestos y no están ausentes.

»Abarque usted el conjunto: ningún detalle demasiado particular, demasiado característico, como se encontraría en Inglaterra, en Provenza o en Holanda. Es el cuadro amplio, y bastante vulgar para ser símbolo de una vida natural y feliz. Vea usted, pues, la euritmia de la existencia humana en sus movimientos útiles. Mire usted al hombre que conduce los caballos, todo el cuerpo del que tiende el haz sobre la horquilla, las mujeres inclinadas sobre el trigo y los niños que juegan... No han cambiado de sitio una piedra, no han removido una palabra de tierra para embellecer el paisaje; no dan un paso, no plantan un árbol, no siembran una flor que no sean necesarios. Todo ese cuadro no es más que el resultado involuntario del esfuerzo del hombre para subsistir un momento en la Naturaleza, y, sin embargo, aquellos de entre nosotros que no cuidan más que de imaginar o crear espectáculos de paz, de gracia o de pensamiento profundo, no han encontrado nada más perfecto y vienen simplemente a pintar o describir esto cuando quieren representarnos un aspecto de la belleza o de la felicidad. He aquí la primera apariencia que algunos denominan la verdad».

CAPÍTULO ONCE

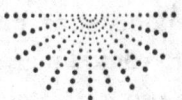

«Acerquémonos. ¿Distingue usted el canto que respondía tan bien al follaje de los grandes árboles? Se compone de palabrotas y de injurias, y, cuando la risa estalla, es que un hombre o una mujer lanza una indecencia o que se burlan del más débil, del jorobado que no puede levantar su carga, del cojo a quien se hace caer, del idiota a quien se hace befa.

»Hace muchos años que los observo. Estamos en Normandía: la tierra es húmeda y fértil. Hay en torno de esa pila un poco más de bienestar del que supone en otro punto una escena de ese género. Por consiguiente, la mayor parte de los hombres son alcohólicos y muchas mujeres también. Otro veneno que no necesito nombrar corroe también la raza. Se le deben, como al alcohol, esos hijos que usted ve ahí: ese renacuajo, ese escrofuloso, ese patizambo, ese labihendido y ese hidrocéfalo. Todos, hombres y mujeres, jóvenes y viejos, tienen los vicios ordinarios del campesino. Son brutales, hipócritas, embusteros, rapaces, maldicientes, desconfiados, envidiosos, inclinados a los pequeños beneficios ilícitos, a las interpretaciones bajas, a la adulación del más fuerte. La necesidad los junta y los obliga a ayudarse entre sí, pero el deseo secreto de todos está en perjudicarse mutuamente siempre que puedan hacerlo sin peligro. La desgracia ajena es el único placer serio de la aldea. Un grande infortunio es aquí el objeto, largamente acariciado, de solapadas delectaciones. Se espían, se tienen envidia, se desprecian, se odian. Mientras son pobres, abrigan contra la dureza y la avaricia de sus amos un odio reconocido y concentrado, y si a su vez tienen criados, se aprovechan de la experiencia de la servidumbre para superar la dureza y la avaricia que ellos sufrieron.

»Podría enumerarle a usted al detalle las mezquindades, las bribonadas, las tiranías, las injusticias, los rencores que animan a ese trabajo bañado de espacio y de paz. No crea usted que la vista de ese cielo admirable, del mar que tiende detrás de la iglesia otro cielo más sensible y fluye sobre la Tierra como un gran espejo de conciencia y de sabiduría, no crea usted que eso lo dilate ni eleve. No lo han mirado nunca. Nada agita ni guía sus pensamientos sino tres o cuatro temores circunscritos: temor del hambre, miedo a la fuerza, a la opinión y a la ley, y, en la hora de la muerte, el terror del infierno. Para hacer ver lo que son habría que examinarlos uno por uno. Mire usted ese alto, de la izquierda, que tiene aspecto jovial y lanza tan hermosos haces. El verano pasado sus amigos le rompieron el brazo derecho en una riña de taberna. Operé la reducción de la fractura, que era mala y complicada. Le cuidé durante largo tiempo, le di para vivir hasta que pudo volver a trabajar. Venía a mi casa cada día. Se aprovechó de ello para propalar por la aldea las falsedades de que me había sorprendido en los brazos de mi cuñada y de que mi madre se emborrachaba. No es malo, ni me quiere mal; al contrario, fíjese usted, al verme, se sonríe con una buena sonrisa sincera. Lo que le impulsaba no era el odio social. El campesino no odia al rico; respeta demasiado su riqueza. Pero se me figura que mi buen horquillero no comprendía por qué yo le curaba sin sacar partido de ello. Sospecha alguna artimaña y no quiere dejarse engañar. Más de uno, más rico o más pobre, había hecho lo mismo, o peor, antes que él. No creía mentir repitiendo sus invenciones: obedecía a una orden confusa de la moralidad circundante. Respondía sin saberlo y, por decirlo así, a pesar suyo, el deseo todopoderoso de la malevolencia general... Pero ¿a qué terminar un cuadro que conocen todos los que han vivido algunos años en el campo? He aquí la segunda apariencia que la mayoría llama la verdad. Es la verdad de la vida necesaria. Cierto es que descansa sobre los hechos más precisos, sobre los únicos que todo hombre puede observar y experimentar».

CAPÍTULO DOCE

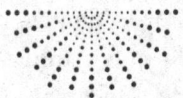

«Sentémonos sobre estas gavillas —continuó— y sigamos observando. No desperdiciemos ninguno de los pequeños hechos que forman la realidad que he dicho. Dejemos que se alejen por sí mismos en el espacio. Estorban en el primer término, pero es preciso reconocer que hay detrás de ellos una gran fuerza muy admirable que mantiene todo el conjunto. ¿Lo mantiene solamente? ¿No lo eleva además? Esos hombres que vemos no son ya enteramente las fieras de La Bruyère, que tenían como una voz articulada y se retiraban por la noche a sus guaridas, "donde vivían de pan moreno, de agua y de raíces...".

»Me dirá usted que la raza es menos fuerte y menos sana. Es posible; el alcohol y la otra plaga son accidentes que la Humanidad debe vencer. Quizá son prueba de que algunos de nuestros órganos, como los nervios, por ejemplo, sacarán provecho, pues regularmente vemos que la vida se aprovecha de los males que domina. Además, la menor cosa, que puede encontrarse mañana, bastará para hacerlos inofensivos. No es, pues, eso lo que nos obliga a restringir nuestra mirada. Esos hombres tienen ideas y sentimientos que aún no tenían los de La Bruyère».

—Prefiero la bestia simple y desnuda a la odiosa semibestia —murmuré.

—Habla usted así según la primera apariencia, la de los poetas, que hemos visto —repuso—; no la mezclemos con la que examinamos. Esas ideas y sentimientos son pequeños y bajos, si usted quiere, pero lo pequeño y bajo es ya mejor que lo que no existe. Casi no le sirve más que para perjudicarse y persistir en la mediocridad en que se hallan; pero a menudo sucede así en la Naturaleza. Los dones que ésta concede no sirven desde luego más que para el mal, para empeorar lo que parecía querer mejorar; pero, al fin y al cabo, de todo ese mal resulta siempre algún bien. Por lo demás, no tengo empeño alguno en probar el progreso; según de qué punto se le considera, es una cosa muy pequeña o muy grande. Hacer algo menos servil, algo menos penosa la condición humana, es un punto enorme, es quizás el ideal más seguro; pero, evaluada por el espíritu un instante desinteresado de las consecuencias materiales, la distancia entre el hombre que marcha al frente del progreso y el que se arrastra ciegamente tras él no es considerable. Entre esos jóvenes palurdos en cuyo cerebro no se agitan más que ideas informes hay varios en que se encuentra la posibilidad de alcanzar en poco tiempo el grado de conciencia en que vivimos nosotros dos. Sorprende a menudo el intervalo insignificante que separa la inconsciencia de esas gentes, que parece completa, de la conciencia que es tenida por la más elevada.

»Por otra parte, ¿de qué está hecha esa conciencia de que estamos tan orgullosos? De mucha más sombra que la luz, de mucha más ignorancia adquirida que de conciencia, de muchas más cosas de las cuales sabemos que debemos renunciar a conocerlas que de cosas que conocemos. Sin embargo, constituye toda nuestra dignidad, nuestra grandeza más positiva y probablemente el fenómeno más sorprendente de este mundo. Ella es la que nos permite levantar la frente en presencia del principio desconocido y decirle: "Os ignoro, pero algo en mí os abraza ya. Me destruiréis tal vez; pero, si no es para formar con mis restos un organismo mejor que el mío, os mostraréis inferior a lo que yo soy, y el silencio que seguirá a la muerte de la especie a que pertenezco os dará a conocer que habéis sido juzgado. Y si ni siquiera sois capaz de cuidar de que os juzguen justamente, ¿qué importa vuestro secreto? No tenemos ya interés en penetrarlo. Debe de ser estúpido y horrible. Habéis producido, por casualidad, un ser que no estabais en condiciones de producir. Es para él una suerte el que hayáis suprimido por una casualidad contraria, antes de que hubiese medido el fondo de vuestra inconsciencia, y mayor suerte aún el que no sobreviva a la serie infinita de vuestras espantosas experiencias. Nada tenía que hacer en un mundo en que su inteligencia no respondía a ninguna inteligencia eterna, en que su deseo de mejorar no podía llegar a ningún bien real".

»Lo repito: el progreso no es necesario para que el espectáculo nos apasione. El enigma basta, y ese enigma es tan grande, tiene tanto brillo misterioso en esos campesinos como en nosotros mismos. Se le encuentra en todas partes cuando se sigue la vida hasta en su principio todopoderoso. A ese principio, de siglo en siglo, le modificamos el epíteto. Ha tenido algunos que eran precisos y consoladores. Después se ha reconocido que esos consuelos y esa precisión eran ilusorios. Pero que le llamemos Dios, Providencia, Naturaleza, Azar, Vida o Destino, el misterio sigue siendo el mismo, y todo lo que millares de años de experiencia nos han enseñado es a darle un nombre más vasto, más próximo de nosotros, más flexible, más dócil a la espera y a lo imprevisto. Es el que hoy lleva, y por eso nunca pareció más grande. Éste es uno de los numerosos aspectos de la tercera apariencia y la última verdad».

LIBRO SEXTO : LA MATANZA DE LOS ZÁNGANOS

CAPÍTULO UNO

Después de la fecundación de las reinas, si el cielo está despejado y el aire es caliente; si el polen y el néctar abundan en las flores, las obreras, por una especie de indulgencia olvidadiza o quizá por una previsión excesiva, toleran durante algún tiempo todavía la presencia importuna y ruidosa de los machos. Éstos se portan en la colmena como los pretendientes de Penélope en casa de Ulises. Hacen allí vida regalada y alegre, llevando una existencia de amantes honorarios, pródigos y faltos de delicadeza: satisfechos y panzudos, obstruyen las calles, estorban la circulación, dificultan el trabajo, dan y reciben empujones, azorados, pretenciosos, henchidos de un desprecio aturdido y sin malicia; pero despreciados con inteligencia e intención, inconscientes de la exasperación que se acumula y del destino que les espera. Escogen para dormitar a sus anchas el rincón más tibio de la morada, se levantan indolentemente para ir a chupar en las celdas abiertas la miel más perfumada y ensucian con sus excrementos los panales que frecuentan. Las pacientes obreras miran al porvenir y reparan el detrimento, en silencio. De doce a tres de la tarde, cuando la campiña azulada tiembla de feliz cansancio bajo la mirada invencible de un sol de julio o de agosto, aparecen en el umbral. Ostentan un casco compuesto de enormes perlas negras, dos altos penachos animados, un jubón de terciopelo leonado y frotado de luz, un vello heroico, un cuádruple manto rígido y traslúcido. Hacen un ruido terrible, apartan a las centinelas, derriban a las ventiladoras, hacen caer a las obreras que vuelven cargadas con su humilde botín. Tienen el porte atareado, extravagante e intolerable de dioses indispensables que salen en tumulto hacia algún fin ignorado del vulgo. Uno tras otro afrontan el espacio, gloriosos, irresistibles, y van a posarse tranquilamente sobre las flores más próximas, donde se duermen hasta que la frescura de la tarde los despierta. Entonces vuelven a la colmena en el mismo torbellino imperioso y llevados siempre del mismo propósito intransigente, corren a las bodegas, meten la cabeza hasta el cuello en las cubas de miel, se hinchan como ánforas para reparar sus fuerzas agotadas y vuelven, con pesadez, a entregarse al buen sueño sin inquietud que los turbe hasta la próxima comida.

CAPÍTULO DOS

Pero la paciencia de las abejas no es igual a la de los hombres. Una mañana circula por la colmena una esperada consigna, y las tranquilas obreras se convierten en jueces y en verdugos. No se sabe quién la da; emana de pronto de la indignación fría y razonada de las trabajadoras, y según el genio de la república unánime, apenas pronunciada, llena todos los corazones. Parte del pueblo renuncia a la recolección para consagrarse hoy a la obra de justicia. Los gruesos holgazanes dormidos en racimos indolentes sobre los muros melíferos son bruscamente despertados por un ejército de vírgenes irritadas. Atontados, no pueden dar crédito a lo que ven, y a su asombro le cuesta trabajo ver claro a través de su pereza, como un rayo de luna a través del agua de un pantano. Se imaginan que son víctimas de un error, miran en torno suyo con estupefacción y, como la idea madre de su vida se reanima desde luego en sus cerebros embotados, dan un paso hacia las cubas de miel para confortarse en ellas. Pero ya pasó el tiempo de la miel de mayo, del vinoflor de los tilos, de la franca ambrosía de la salvia, del tomillo, del trébol blanco, de las mejoranas. En vez del libre acceso a los depósitos llenos que abrían bajo su boca sus brocales de cera complacientes y dulces, encuentran alrededor una ardiente maleza de dardos envenenados que se erizan. La atmósfera de la colmena ha cambiado. El perfume amistoso del néctar ha cedido el puesto al acre olor del veneno cuyas mil gotitas brillan en la punta de los aguijones y propagan el rencor y el odio. Antes de que se hayan dado cuenta del hundimiento inaudito de todo su destino abundante, en el trastorno de las felices leyes de la ciudad, cada uno de los parásitos espantados es acometido por tres o cuatro justicieras que le cortan las alas, le sierran el pecíolo que une el abdomen al tórax, amputan las antenas febriles, dislocan las patas, buscan una hendidura en los anillos de la coraza para hundir en ella su espada. Enormes, pero sin armas, desprovistos de aguijón, no piensan en defenderse, procuran esquivarse y no oponen más que su masa obtusa a los golpes que los agobian. Derribados de espaldas, agitan torpemente, en el extremo de sus poderosas patas, a sus enemigas, que no sueltan la presa, o, girando sobre sí mismos, arrastran a todo el grupo en un torbellino loco, pero pronto extenuado. Poco tiempo después se hallan en un estado tan lastimoso que la piedad, que nunca se encuentra muy lejos de la justicia en el fondo de nuestro corazón, vuelve aprisa y pedirán perdón —pero inútilmente— a las duras obreras, que no conocen más que la ley profunda y seca de la Naturaleza. Las alas de los infelices son laceradas, sus tarsos arrancados, sus antenas roídas y sus magníficos ojos negros, espejos de las flores exuberantes, reflectores del azul celeste y de la inocente arrogancia del estío, ahora suavizados por el sufrimiento, no reflejan más que la miseria y la angustia del fin. Unos sucumben a sus heridas y son inmediatamente transportados por dos o tres de sus verdugos a los cementerios lejanos. Otros, menos heridos, logran refugiarse en un rincón en que se apiñan y donde una guardia inexorable los bloquea hasta que mueren de hambre. Muchos consiguen llegar hasta la puerta y escapar en el espacio, arrastrando a sus adversarias; pero, al atardecer, acosados por el hambre y el frío, vuelven en masa a la entrada de la colmena a implorar un abrigo. Allí encuentran otra guardia inflexible. Al día siguiente, a su primera salida, las obreras desembarazan el umbral en que se amontonan los cadáveres de los gigantes inútiles, y el recuerdo de la raza ociosa se extingue en la ciudad hasta la primavera siguiente.

CAPÍTULO TRES

A menudo la matanza tiene efecto el mismo día en gran número de colonias del colmenar. Dan la señal las más ricas, las mejor gobernadas. Pocos días después las imitan las pequeñas repúblicas menos prósperas.

Solamente las colmenas más pobres, las más débiles, aquéllas cuya madre es muy vieja y casi estéril, para no abandonar la esperanza de ver fecundar a la reina virgen que esperan y que aún puede nacer, mantienen a sus zánganos hasta la entrada del invierno. Entonces llega la miseria inevitable y toda la tribu, madre, parásitos, obreras, se apiñan en un grupo hambriento y estrechamente enlazado que perece en silencio en la sombra de la colmena, antes de las primeras nieves.

Después de la ejecución de los ociosos en las ciudades populosas y opulentas, el trabajo se reanuda, pero con un ardor decreciente, porque el néctar empieza a escasear.

Las grandes fiestas y los grandes dramas han pasado. El cuerpo milagroso adornado de miríadas de almas, el noble monstruo sin sueño, alimentado de flores y de rocío, la gloriosa colmena de los hermosos días de julio, gradualmente se duerme, y su aliento cálido, abrumado de perfumes, languidece y se hiela.

La miel de otoño, para completar las provisiones indispensables, se acumula, sin embargo, dentro de los muros de la ciudad, y los últimos depósitos son sellados con el sello de cera blanca incorruptible. Se cesa de edificar, los nacimientos disminuyen, las muertes se multiplican, las noches se alargan y los días se acortan.

Las lluvias y los vientos inclementes, las brumas de la mañana, las emboscadas de la sombra demasiado pronta se llevan a centenares de trabajadoras, que no vuelven, y todo el pequeño pueblo, tan ávido de sol como las cigarras del Ático, siente extenderse sobre él la fría amenaza del invierno.

El hombre ha tomado su parte de la cosecha. Cada una de las buenas colmenas le ha ofrecido ochenta o cien libras de miel y las más maravillosas dan a veces doscientas, que representan enormes capas de luz licuada, inmensos campos de flores, visitadas, una por una, mil veces cada día.

Ahora echa un último vistazo a las colonias que se entumecen. Quita a las más ricas sus tesoros superfluos para distribuirlos a las empobrecidas por infortunios, siempre inmerecidos, en ese mundo laborioso. Cubre cuidadosamente las moradas, para preservarlas del frío en lo posible; cierra a medias las puertas, quita los cuadros inútiles y entrega las abejas a su gran sueño invernal. Ellas se reúnen entonces en el centro de la colmena, se contraen y se suspenden de los panales que encierran las urnas fieles, de las cuales saldrá, durante los días helados, la sustancia transformadora del estío. La reina se halla en medio, rodeada de su guardia. La primera fila de obreras se agarra a las celdas cerradas, cúbrelas otra fila, recubierta a su vez por una tercera, y así sucesivamente hasta la última que forma el envoltorio. Cuando las abejas de este envoltorio se sienten invadidas por el frío, entran en la masa y otras las remplazan por turno. El racimo suspendido es como una esfera tibia y leonada, que escinden los muros de miel y que sube al azar, avanza o retrocede de una manera insensible a medida que se agotan las celdas de cuyo contenido se alimentan. Porque, contra lo que generalmente se cree, la vida hiemal de las abejas es más lenta, pero no está paralizada[1]. Con el frote concertado de sus alas, pequeñas hermanas sobrevivientes de los rayos de sol, que se activan o calman según las fluctuaciones de la temperatura del exterior, mantienen en su esfera un calor invariable e igual al de un día de primavera. Esa primavera secreta emana de la hermosa miel que no es más que un rayo de calor antes transformado, que ahora vuelve a su primitiva forma. Circula en la esfera como sangre generosa. Las abejas que están sobre los alvéolos rebosantes la ofrecen a sus vecinas, que la transmiten a su vez. Así pasa de garras en garras, de boca en boca, y llega a las extremidades del grupo, que no tiene más que una idea y un destino diseminado y reunido en millares de corazones. Hace las veces de sol y de flores hasta que su hermano mayor, el sol verdadero de la gran primavera real, escurriendo por la puerta entreabierta sus primeras miradas tibias en que renacen las violetas y las anémonas, despierta suavemente a las obreras para hacerles ver que la azulada luz vuelve a ocupar su puesto en el mundo y que el círculo interrumpido que une la muerte a la vida acaba de dar una vuelta sobre sí mismo y de reanimarse.

---

1. Una colmena de las grandes, durante la invernada, que en nuestras comarcas dura unos seis meses, es decir, de octubre a principios de abril, consume de ordinario de veinte a treinta libras de miel.

LIBRO SÉPTIMO : EL PROGRESO DE LA ESPECIE

CAPÍTULO UNO

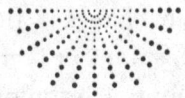

Antes de terminar este libro quiero recoger una objeción que raramente dejan de hacer aquéllos a quienes se revela el gobierno y la industria sorprendentes de las abejas. «Sí —dicen—; todo eso es prodigioso, pero inmutable. Hace millares de años que esas leyes son las mismas. Hace millares de años que construyen sus panales admirables a los cuales nada se puede añadir ni quitar y en los cuales se unen, en igual perfección, la ciencia del químico a la del geómetra, del arquitecto y del ingeniero, pero esos panales son exactamente iguales a los que se encuentran en los sarcófagos o vemos representados en las piedras y en los papiros egipcios. Citadnos un solo hecho que marque el menor progreso, presentadnos un detalle en que hayan innovado, un punto en que hayan modificado su rutina secular; nos inclinaremos y reconoceremos que no hay sólo en ellas un instinto admirable, sino una inteligencia que tiene derecho a compararse con la del hombre y a esperar con ella no sé qué destino más alto que el de la materia inconsciente y sumisa».

Y ya no es solamente el profano habla así, sino que entomólogos del valor de Kirby y Spence, han empleado el mismo argumento para negar a las abejas toda inteligencia que no sea la que se agita vagamente en la estrecha prisión de un instinto sorprendente, pero invariable. «Enseñadnos —dicen— un solo caso en que, apremiadas por las circunstancias, se les haya ocurrido, por ejemplo, sustituir la cera y los propóleos por arcilla o la argamasa, y convendremos entonces en que son capaces de raciocinio».

Este argumento, que Romanes llama *The question begging argument* y que podría llamarse también «el argumento insaciable», es de los más peligrosos y, aplicado al hombre, nos llevaría muy lejos. Bien considerado, emana de «ese simple buen sentido» que hace a menudo mucho mal y que contestaba a Galileo: «No es la Tierra la que gira, puesto que veo marchar el sol en el cielo, subir por la mañana y bajar por la tarde, y nada puede prevalecer sobre el testimonio de mis ojos». El buen sentido es excelente y necesario en el fondo de nuestro espíritu, pero con la condición de que una inquietud elevada lo vigile y le recuerde, si es menester, lo infinito de su ignorancia; de lo contrario, no es más que la rutina de las partes bajas de nuestra inteligencia. Pero las mismas abejas han contestado a la objeción de Kirby y Spence. Apenas formulada, otro naturalista, Andrew Knight, embadurnó con una especie de cemento compuesto de cera y trementina la corteza enferma de ciertos árboles, y observó después que sus abejas habían renunciado completamente a recoger propóleos y ya no usaban más que aquella materia desconocida, pero pronto probada y adoptada, que encontraban preparada y en abundancia en las proximidades de su vivienda.

La mitad de la ciencia y de la práctica apícola es el arte de dar carrera al espíritu de iniciativa de la abeja, proporcionar a su inteligencia emprendedora la ocasión de ejercitarse y de hacer verdaderos descubrimientos, verdaderas invenciones. Cuando el polen es raro en las flores, los apicultores, a fin de ayudar a la cría de las larvas y de las ninfas, que lo consumen enormemente, esparcen cierta cantidad de harina cerca del colmenar. Es evidente que en el estado natural, en el seno de sus bosques natales o de los valles asiáticos en que vieron probablemente la luz en la época terciaria, no encontraron jamás ninguna sustancia de ese género. Sin embargo, si se tiene cuidado de cebar a algunas, colocándolas sobre la harina esparcida, la prueban, la saborean, reconocen sus cualidades casi equivalentes a las del polvo de las antenas, vuelven a la colmena, anuncian la noticia a sus hermanas, y todas las cosecheras acuden a aquel alimento inesperado e incomprensible que, en su memoria hereditaria, debe de ser inseparable del cáliz de las flores donde hace tantos siglos su robo es tan voluptuoso y tan suntuosamente acogido.

CAPÍTULO DOS

Sólo hace apenas cien años; es decir, desde los trabajos de Huber, que se empezó a trabajar seriamente a las abejas y a descubrir las primeras verdades importantes que permiten observarlas con provecho. Hace poco más de cincuenta años que gracias a los panales y cuadros móviles de Dzierzon y de Langstroth, se funda la apicultura racional y práctica y que la colmena cesa de ser la inviolable casa en que todo pasaba en un misterio que no podíamos penetrar sino después que la muerte la había convertido en ruinas. Hace menos de cincuenta años que el perfeccionamiento del microscopio y del laboratorio del entomólogo revelaron el secreto preciso de los principales órganos de la obrera, de la madre y de los zánganos. ¿Tiene algo de sorprendente que nuestra ciencia sea tan corta como nuestra experiencia? Las abejas viven desde hace millares de años y las observamos desde hace diez o doce lustros. Aun cuando estuviese probado que nada ha cambiado en la colmena desde que la abrimos, ¿tendríamos derecho a deducir que nada se había modificado en ella antes de que la hubiésemos interrogado? ¿No sabemos que en la evolución de una especie un siglo se pierde como una gota de lluvia en los torbellinos de un río y que sobre la vida de la materia universal los milenios pasan tan pronto como los años sobre la historia de un pueblo?

CAPÍTULO TRES

Pero no se ha probado que nada haya cambiado en las costumbres de la abeja. Examinándolas sin prevención, y sin salir del pequeño campo iluminado por nuestra experiencia actual, se encontrarán, por el contrario, variaciones muy apreciables. ¿Y quién dirá las que se nos escapan? Un observador que tuviese unas ciento cincuenta veces nuestra altura y unas setecientas mil veces nuestro peso (éstas son las relaciones de nuestra talla y de nuestro peso con los de la humilde abeja), que no entendiese nuestro lenguaje y estuviese dotado de sentidos completamente diferentes de los nuestros, se daría cuenta de que se han operado curiosas transformaciones materiales durante los últimos tercios de este siglo, pero ¿cómo podría formarse la idea de nuestra evolución moral, social, religiosa, política y económica?

Luego la más verosímil de las hipótesis científicas nos permitirá incluir nuestra abeja doméstica en la gran tribu de los Apiens, en que se encuentran probablemente sus antepasados y que comprende todas las abejas silvestres[1]. Asistiremos entonces a transformaciones fisiológicas, sociales, económicas, industriales y arquitectónicas más extraordinarias que las de nuestra evolución humana. Por el momento, nos ceñiremos a nuestra abeja doméstica propiamente dicha. Se cuentan unas dieciséis especies suficientemente distintas; pero, en el fondo, ya se trate de la *Apis dorsata*, la mayor, o de la *Apis flórea*, la más pequeña que se conoce, es exactamente el mismo insecto más o menos modificado por el clima y las circunstancias a que ha tenido que adaptarse. Todas esas especies no difieren entre sí mucho más de lo que difiere un inglés de un español o un japonés de un europeo. Limitando así nuestras primeras observaciones, no consignaremos aquí sino lo que ven nuestros propios ojos, y en este momento mismo, sin la ayuda de ninguna hipótesis, por verosímil e imperiosa que sea. No pasaremos revista a todos los hechos que podríamos invocar. Bastarán, rápidamente enumerados, algunos de los más significativos.

---

1. He aquí el puesto que ocupa la abeja doméstica en la clasificación científica:
   Especie............... Insectos.
   Género............... Himenópteros.
   Familia............... Apides.
   Orden............... Apis
   Clase.................. Melífica.

   El término *melífica* es el de la clasificación linneana. No es de los más felices, pues todas las *Apides*, salvo quizás algunas especies parásitas, son melíficas. Scopoli dice *cerífera*; Réaumur, *doméstica*, Geoffroy, *gregaria*. La *Apis ligustica*, la abeja italiana, es una variedad de la *Apis melífica*.

CAPÍTULO CUATRO

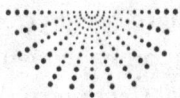

Desde luego, el mejoramiento más importante y más radical, que correspondería en el hombre a inmensos trabajos: la protección exterior de la comunidad.

Las abejas no habitan como nosotros en poblaciones a descubierto y entregadas a los caprichos del viento y de la lluvia, sino en ciudades enteramente cubiertas de un envoltorio protector. Pues bien: en la Naturaleza, y bajo un clima ideal, no sucede lo mismo. Si no escuchasen más que el fondo de su instinto construirían sus panales al aire libre. En las Indias, la *Apis dorsata* no busca ávidamente los árboles huecos o las cavidades de las rocas. El enjambre se suspende a una rama y el panal se alarga, la reina pone huevos, las provisiones se acumulan, sin más abrigo que los cuerpos mismos de las obreras. A nuestra abeja septentrional se la ha visto a veces, engañada por un estío demasiado templado, volver a este instinto, y se han encontrado enjambres que vivían así al aire libre en medio de una breña[1].

Pero hasta en las Indias esa costumbre que parece innata tiene deplorables consecuencias. Inmoviliza tal número de obreras, únicamente ocupadas en mantener el calor necesario en torno de las que producen la cera y cuidan de la cría, que la *Apis dorsata*, suspendida de las ramas, no construye más que un panal. En cambio, el menor abrigo le permite edificar cuatro o cinco y más, y en igual proporción refuerza la población y la prosperidad de la colonia. Por eso, todas las razas de abejas de las regiones frías y templadas han abandonado casi completamente ese método primitivo. Es evidente que la selección natural ha sancionado la iniciativa inteligente del insecto, no dejando sobrevivir a nuestro invierno sino a las tribus más numerosas y mejor protegidas. Lo que no había sido más que una idea contraria al instinto ha venido a convertirse poco a poco en una costumbre instintiva. Pero no es menos cierto que el renunciar así a la vasta luz natural y adorada para establecerse en los oscuros huecos de un tronco o de una caverna fue al principio una idea audaz y probablemente llena de observaciones, experiencias y razonamientos. Casi podría decirse que fue tan importante para los destinos de la abeja doméstica como la invención del fuego para los del género humano.

---

1. El caso es hasta frecuente entre los enjambres secundarios y terciarios, porque tienen menos experiencia y son menos prudentes que el enjambre primario. Tienen al frente una reina virgen y veleidosa y se componen casi enteramente de abejas jóvenes, en las cuales el instinto primitivo habla tanto más alto cuanto que ignoran todavía el rigor y los caprichos de nuestro cielo bárbaro. Por lo demás, ninguno de esos enjambres sobrevive a los primeros cierzos otoñales, y van a juntarse con las innumerables víctimas de las lentas y oscuras experiencias de la Naturaleza.

CAPÍTULO CINCO

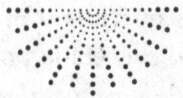

Después de un gran progreso, que, a pesar de ser antiguo y hereditario, sigue siendo actual, encontramos una multitud de detalles infinitamente variables que nos prueban que la industria y hasta la política de la colmena no están determinadas en fórmulas infrangibles. Acabamos de hablar de la sustitución inteligente del polen por la harina y del propóleos por un cemento artificial. Hemos visto con qué habilidad saben las abejas apropiar a sus necesidades las moradas a veces desconcertadoras en que se las introduce. Hemos visto también con qué ingenio inmediato y sorprendente sacaron partido de los panales de cera con alvéolos embrionarios que les fueron ofrecidos. En este caso, la utilización ingeniosa de un fenómeno milagrosamente feliz, pero incompleto, es del todo extraordinaria. Para comprender al hombre les bastó media palabra. Figuraos que, desde hace siglos, edificamos nuestras ciudades, no con piedras, cal y ladrillos, sino con una sustancia maleable, penosamente segregada por órganos especiales de nuestro cuerpo. De pronto, un ser omnipotente nos coloca en el seno de una ciudad fabulosa. Nos damos cuenta de que está hecha con una sustancia semejante a la que segregamos; pero, por lo que toca a todo lo demás, es un sueño, cuya lógica misma, una lógica deformada y como reducida y concentrada, es más desconcertante de lo que sería la incoherencia. Nuestro plan ordinario allí se encuentra, todo está allí conforme a lo que esperábamos; pero sólo en potencia y, por decirlo así, aplastado por una fuerza prenatural que lo detuvo en el esbozo e impidió su desarrollo. Las casas que deben contar cuatro o cinco metros de altura forman pequeñas prominencias que podemos cubrir con las dos manos. Millares de muros se hallan marcados por un trozo que encierra a la vez su contorno y la materia con que serán construidos. Por otra parte, hay irregularidades que será preciso rectificar, abismos que llenar y armonizar con el conjunto, vastas superficies vacilantes que afianzar. Porque la obra es inesperada, pero peligrosa. Ha sido concebida por una inteligencia soberana que adivina la mayor parte de nuestros deseos; pero que, embarazada por su misma enormidad, no ha podido realizarlos sino muy groseramente. Trátase, pues, de desentrañar todo eso, de sacar provecho de las menores intenciones del sobrenatural donador, de edificar en pocos días lo que ordinariamente requiere años, de renunciar a costumbres orgánicas, de trastornar del todo los métodos de trabajo[1]. Es seguro que el hombre necesitaría toda su atención para resolver los problemas que surgiesen y no perder nada de la ayuda así ofrecida por una providencia magnífica. Sin embargo, es, con poca diferencia, lo que hacen las abejas en nuestras colmenas modernas.

---

1. Puesto que nos ocupamos por última vez de las construcciones de la abeja, señalemos de paso una particularidad curiosa del *Apis flórea*. Ciertas paredes de sus celdillas para machos son cilíndricas en vez de ser hexagonales. Parece que aún no ha concluido de pasar de una a otra forma y de adoptar definitivamente la mejor.

CAPÍTULO SEIS

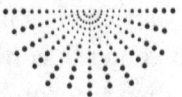

He dicho que la política misma de las abejas no es probablemente inmóvil. Es el punto más oscuro y más difícil de averiguar. No me detendré en la manera variable con que tratan a sus reinas, en las leyes de la enjambrazón propias de cada colmena y que parecen transmitirse de generación en generación, etcétera. Pero al lado de esos hechos que no están bastante determinados hay otros, constantes y precisos, que demuestran que todas las razas de la abeja doméstica no han llegado al mismo grado de civilización política, que las hay en que el espíritu público aún tantea y busca quizás otra solución al problema real. La abeja siria, por ejemplo, cría de ordinario ciento veinte reinas y con frecuencia mayor número. Mientras que nuestra *Apis melífica* cría, a lo sumo, diez o doce. Cheshire nos habla de una colmena siria, nada anormal, en que se descubrieron veintiuna reinas muertas y noventa vivas y libres. He aquí el punto de partida o de llegada de una evolución social bastante extraña y que sería interesante estudiar a fondo. Añadamos que, respecto a la cría de las reinas, la abeja chipriota se acerca mucho a la siria. ¿Es un retorno, todavía incierto, a la oligarquía después de la experiencia monárquica, a la maternidad múltiple después de la única? Lo cierto es que la abeja siria y chipriota, parientes muy próximas de la egipcia y de la italiana, son probablemente las primeras que el hombre ha domesticado. En fin, otra observación nos hace ver más claramente todavía que las costumbres, la organización previsora de la colmena, no son el resultado de un impulso primitivo, mecánicamente seguido a través de las edades y de los climas diversos, sino que el espíritu que dirige la pequeña república sabe distinguir las circunstancias nuevas, amoldarse y sacar partido de ellas, como había aprendido a precaverse de los peligros de las antiguas. Transportada a Australia o a California, nuestra abeja negra cambia completamente sus costumbres. Desde el segundo o tercer año, después de observar que el estío es perpetuo, que las flores nunca faltan, vive al día, se contenta con recoger la miel y el polen necesarios para el consumo diario, y como su observación reciente y razonada puede más que su experiencia hereditaria, deja de hacer provisiones para el invierno[1]. Y no se consigue mantener su actividad sino quitándole el fruto de su trabajo a medida que lo acumula.

---

1. Hecho análogo señalado por Büchner y que prueba la adaptación a las circunstancias, no lenta, secular, inconsciente y fatal, sino inmediata e inteligente: en la Barbada, en medio de las refinerías en que durante todo el año encuentran azúcar en abundancia, cesan completamente de visitar las flores.

CAPÍTULO SIETE

He aquí lo que podemos ver con los ojos. Se convendrá en que hay algunos hechos tópicos y propios para hacer vacilar la opinión de los que se persuaden de que toda inteligencia es inmóvil y todo porvenir inmutable, fuera de la inteligencia y del porvenir del hombre.

Pero si aceptamos un instante la hipótesis del transformismo, el espectáculo se extiende y su claridad dudosa y grandiosa alcanza pronto nuestros propios destinos. No es evidente, pero a quien lo observa con atención, le es difícil no reconocer que hay en la Naturaleza una voluntad que tiende a elevar una porción de materia a un estado más útil y quizá mejor, a penetrar poco a poco su superficie con un fluido lleno de misterio que llamamos desde luego la vida, después el instinto y poco a poco la inteligencia; a asegurar, a organizar, a facilitar la existencia de todo lo que se anima con un fin desconocido. No es seguro, pero muchos ejemplos que vemos en torno nuestro nos invitan a suponer que, si se pudiese evaluar la cantidad de una materia que desde el origen se ha elevado así, se encontraría que no ha cesado de acrecer. Repito que la observación es frágil, pero es la única que hemos podido hacer sobre la fuerza oculta que nos conduce, y es mucho, en un mundo en que nuestro primer deber es la confianza en la vida, aun cuando no se descubriese en ella ninguna claridad estimulante y mientras no haya certeza contraria.

Sé todo lo que puede decirse contra la teoría del transformismo. Tiene pruebas numerosas y argumentos poderosísimos, pero que, en rigor, no convencen. No hay que entregarse jamás sin recelo a las verdades de la época en que se vive. Quizá dentro de cien años muchos capítulos de nuestros libros, que están impregnados de la época actual, parecerán haber envejecido a causa de todo esto, como hoy lo resultan las obras de los filósofos del siglo pasado, llenas de un hombre demasiado perfecto y que no existe, y tantas páginas del siglo XVII rebajadas por la idea del Dios áspero y mezquino de una tradición deformada por muchas vanidades y mentiras.

Sin embargo, cuando no se puede saber la verdad de una cosa conviene aceptar la hipótesis que, en el momento en que la casualidad nos hace nacer, se impone más imperiosamente a la razón. Se puede apostar que es falsa, pero, mientras se la cree verdadera, es útil, porque reanima los ánimos e imprime a las investigaciones una dirección nueva.

A primera vista, para reemplazar esas suposiciones ingeniosas, parecería más razonable decir simplemente la verdad profunda: que es que no se sabe. Pero esta verdad no sería saludable si no en el caso de estar probado que no se sabrá jamás. Mientras tanto, nos mantendría en una inmovilidad más funesta que las más lastimosas ilusiones. Somos de tal naturaleza que nada nos lleva tan lejos ni tan alto como los impulsos de nuestros errores. En el fondo, lo poco que hemos aprendido lo debemos a hipótesis siempre aventuradas, a menudo absurdas, y en su mayoría menos circunspectas que la de hoy. Eran quizás insensatas, pero sin duda han mantenido el ardor de la investigación.

Que el que vela por el hogar en la hostelería humana sea ciego o muy anciano, ¿qué importa, en resumidas cuentas, al viajero que tiene frío y viene a sentarse a su lado? Si el fuego no se apagó bajo su vigilancia, a pesar de ser ciego y anciano, ha hecho lo que hubiera podido hacer el mejor.

Transmitamos ese ardor, no intacto, sino aumentado, y nada puede aumentarlo tanto como esa hipótesis del transformismo que nos obliga a interrogar con un método más severo y una pasión más constante todo lo que existe sobre la Tierra, en sus entrañas, en las profundidades del mar y en la extensión de los cielos.

¿Qué se le opone y qué tenemos para poner en su puesto si la rechazamos? La gran confesión de la ignorancia sabia que se conoce, pero que de ordinario es inactiva y desalienta a la curiosidad, más necesaria al hombre que la sabiduría misma, o bien la hipótesis de la fijeza de las especies y de la creación, la cual aleja para siempre las partes vivas del problema y se desembaraza de lo inexplicable absteniéndose de interrogarlo.

CAPÍTULO OCHO

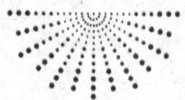

Esta mañana de abril, en medio del jardín que renace bajo su divino rocío verde, delante de los arriates de rosas y temblorosas primuláceas rodeadas de *tlaspis silvestres* blancas, llamado también aliso o canastilla de plata, he vuelto a ver las abejas silvestres, abuelas de la que se ha sometido a nuestros deseos, y he recordado las lecciones del viejo aficionado a las colmenas de Zelandia. Más de una vez me hizo pasear por sus parterres multicolores, dibujados y conservados como en tiempo de Cats, el buen poeta holandés, prosaico e inagotable. Formaban rosáceas, estrellas, guirnaldas, arambeles y girándulas al pie de un espino blanco o de un árbol frutal podado en forma de bola, pirámide o rueda, y el boj, vigilante como un perro mastín, corría a lo largo de los bordes para impedir que las flores invadiesen los paseos. Allí aprendí los nombres y las costumbres de las independientes colectoras que no miramos nunca, porque las tomamos por insectos vulgares, por avispas malignas o por coleópteros estúpidos. Y, sin embargo, cada una de ellas lleva bajo el doble par de alas que la caracteriza en el país de los insectos un plan de vida, los útiles y la idea de un destino diferente y a menudo maravilloso.

He aquí, desde luego, los parientes más próximos de nuestras abejas domésticas, los abejorros hirsutos y recogidos, a veces minúsculos, casi siempre enormes y cubiertos, como los hombres primitivos, de un uniforme sayo guarnecido de aros de cobre o de cinabrio. Todavía son semibárbaros, violentan los cálices, los rompen si resisten y penetran bajo los satinados velos de las corolas como el oso de las cavernas entraría bajo la tienda, toda de seda y perlas, de una princesa bizantina.

Al lado, más grande que el mayor de ellos, pasa un monstruo vestido de tinieblas. Arde en un fuego oscuro, verde y violáceo: es la xilócopa roedora de madera, la gigante del mundo melífico. Tras ella, por orden de tamaño, vienen las fúnebres calicodomas o abejas albañiles, que visten de paño negro y construyen, con arcilla y grava, moradas tan duras como la piedra. Luego vuelan mezcladas las dasípodas y las halictas, que se parecen a las avispas; las andrenas, con frecuencia en lucha con un parásito fantástico; el estilope, que transforma completamente el aspecto de la víctima que ha escogido; los panurgos, casi enanos, y siempre cargados de polen, y las osmias multiformes, que tienen cien industrias particulares. Una de ellas, la *Osmia papáveris*, no se contenta con pedir a las flores el pan y el vino necesarios; corta de las corolas de la adormidera y de la amapola grandes retazos de púrpura, para tapizar regiamente el palacio de sus hijas. Otra abeja, la más pequeña de todas, un grano de polvo que se cierne sobre cuatro alas eléctricas, la *Megachila centuncularia*, recorta en las hojas de rosal semicírculos perfectos que parecen cortados con un instrumento *ad hoc*; los dobla, los ajusta y forma con ellos un estuche compuesto de una serie de pequeños dedales admirablemente regulares y cada uno de los cuales es la celdilla de una larva. Pero un libro entero apenas bastaría para enumerar las costumbres y los talentos diversos de la muchedumbre sedienta de miel que se agita en todos sentidos sobre las flores ávidas y pasivas, prometidas esposas encadenadas que esperan el mensaje de amor que distraídos huéspedes les traen.

CAPÍTULO NUEVE

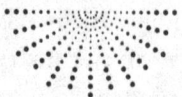

Se conocen unas cuatro mil quinientas especies de abejas silvestres. Inútil es decir que no les pasaremos revista. Quizás algún día un estudio profundo, observación y experiencias que no se han hecho hasta ahora y que requerirían más de una vida de hombre, arrojarán una luz decisiva sobre la historia de la evolución de la abeja. Esta historia, que yo sepa, no ha sido aún metódicamente emprendida por nadie. Es de desear que lo sea, pues tocaría más de un problema tan grande como los de muchas historias humanas. Nosotros, sin afirmar nada más, puesto que entramos en la velada región de las suposiciones, nos contentaremos con seguir su marcha hacia una existencia más inteligente, hacia un poco de bienestar y de seguridad, a una tribu de himenópteros y marcaremos con un simple rasgo los puntos salientes de esa ascensión multimilenaria. La tribu en cuestión es la de Apiens[1], cuyos rasgos esenciales son tan fijos y distintos que es lícito creer que todos sus miembros descienden de un antepasado único.

Los discípulos de Darwin, Hermann Müller entre otros, consideran a una pequeña abeja silvestre diseminada por todo el Universo, y llamada *Prosopis*, como la representante actual de la abeja primitiva, madre de todas las abejas que hoy conocemos.

La infortunada *Prosopis* es, con poca diferencia, a las habitantes de nuestras colmenas, lo que sería el hombre de las cavernas a los felices de nuestras grandes ciudades. Quizá, sin hacer caso, y sin sospechar que teníais delante a la venerable abuela a quien debemos probablemente la mayor parte de nuestras flores y de nuestros frutos (estímase, en efecto, que más de cien mil especies de plantas desaparecerían si las abejas no las visitasen, y ¿quién sabe si hasta desaparecería nuestra civilización?, pues todo se encadena en esos misterios), quizá la habéis visto más de una vez en un rincón abandonado de vuestro jardín agitándose en torno de las malezas.

Es bonita y vivaracha, la más abundante en Francia; tiene elegantes manchas blancas sobre fondo negro. Pero esta elegancia oculta una miseria increíble. Lleva una vida famélica. Va casi desnuda mientras todas sus hermanas se hallan revestidas de vello caliente y suntuoso. No posee ningún instrumento de trabajo. No tiene cestillas para recoger el polen, como la Apides, o, a falta de cestilla, el hopo coxal de las Andrenas, o el mechón ventral de las Gastrilégidas, es necesario que recoja penosamente por medio de sus pequeñas garras el polvo de los cálices y que se lo trague para llevarlo a su cubil. No tiene más útiles que su lengua, su boca y sus patas, pero su lengua es demasiado corta, sus patas son débiles y sus mandíbulas sin fuerza. No pudiendo producir la cera, ni ahuecar la madera, ni ahondar el suelo, practica malas galerías en la blanda médula de los zarzales secos, instala en ella algunas celdillas groseramente formadas, las provee de un poco de comida destinada a unos hijos que no verá nunca, y, realizada su tarea para un fin que no conoce y que nosotros no conocemos tampoco, se va a morir en un rincón, sola en el mundo, como ha vivido.

---

1. Conviene no confundir los tres términos: *apiens, ápides y apitas*, que emplearemos sucesivamente, y que tomamos de la clasificación de Émile Blanchard. La tribu *apiens* comprende todas las familias de abejas. Las *ápides* forman la primera de estas familias y se subdividen en tres grupos: las *meliponitas*, las *apitas* y las *bombitas* (abejorros). En fin, las *apitas* contienen las diversas variedades de nuestras abejas domésticas.

CAPÍTULO DIEZ

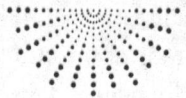

Haremos caso omiso de muchas especies intermedias en que podríamos ver poco a poco cómo la lengua se alarga para chupar el néctar en el hueco de mayor número de corolas; cómo los aparatos colectores de polen: pelos, hopos, mechones tibiales, tarsianos y ventrales, salen y se desarrollan; cómo las patas y las mandíbulas se fortifican; cómo se forman secreciones útiles, y cómo el genio que preside a la construcción de las moradas busca y encuentra en todos sentidos mejoras sorprendentes. Semejante estudio exigiría un libro. Sólo quiero bosquejar un capítulo, menos que un capítulo, una página, que nos muestre, a través de las tentativas vacilantes de la voluntad de vivir y de ser más feliz, el nacimiento, el desarrollo y la consolidación de la inteligencia social.

Hemos visto revolotear a la infeliz *Prosopis*, que lleva en silencio en este vasto Universo lleno de fuerzas terribles su pequeño destino solitario. Cierto número de sus hermanas, pertenecientes a razas ya mejor provistas y más hábiles, por ejemplo, las coletas, bien vestidas o la maravillosa cortadora de hojas de rosal, la *Megachila centuncularia*, viven en un aislamiento tan profundo, y si por casualidad encuentran quien las siga y vaya a compartir su morada, es un enemigo o con más frecuencia un parásito. Porque el mundo de las abejas está poblado de fantasmas más extraños que los nuestros, y muchas especies tienen una suerte de duplicado misterioso e inactivo, exactamente igual a la víctima que elige, salvo que su pereza inmemorial le ha hecho perder, uno tras otro, todos sus instrumentos de trabajo y no puede ya subsistir sino a expensas del tipo laborioso de su raza[1].

Sin embargo, entre las abejas a las cuales se ha dado el nombre demasiado categórico de *Apidas solitarias*, como una llama cubierta de la aglomeración de materia que ahoga toda una vida primitiva, existe ya el instinto social. Acá y acullá, en direcciones inesperadas, por resplandores tímidos y a veces extraños, como para darse a conocer, logra atravesar la pira que la oprime y que un día alimentará su triunfo.

Si todo es materia en este mundo, se sorprende aquí el movimiento más inmaterial de la materia. Trátase de pasar de la vida egoísta, precaria e incompleta, a la vida fraternal, un poco más segura y un poco más feliz. Trátase de unir idealmente por el espíritu lo que está realmente separado por el cuerpo, de obtener que el individuo se sacrifique por la especie y de sustituir por lo que no se ve las cosas que se ven.

¿Tiene algo de extraño que las abejas no realicen de buenas a primeras lo que nosotros, que nos encontramos en el punto privilegiado en que el instinto irradia de todas partes en la conciencia, no hemos resuelto aún? De modo que es curioso, casi conmovedor, el ver cómo la idea nueva tantea desde luego en las tinieblas que envuelven todo lo que nace sobre la tierra. Sale de la materia; aún es enteramente material. No es más que frío, hambre, miedo, transformados en una cosa que aún no tiene figura. Se arrastra confusamente en torno de las largas noches, de la proximidad del invierno, de un sueño equívoco que es casi la muerte.

---

1. *Ejemplos*. Los abejorros, que tienen por parásitos a los psithyros; los estélides, que viven a costa de los antidios. «Es necesario admitir —dice con mucha razón J. Pérez (*Las abejas*) a propósito de la identidad frecuente del parásito y de su víctima—, es necesario admitir que los dos géneros no son más que dos formas de un mismo tipo y se hallan unidos entre sí por la más estrecha afinidad. Para los naturalistas partidarios de la doctrina del transformismo ese parentesco no es puramente ideal, sino real. El género parásito parece ser una casta oriunda del género recolector, que ha perdido los órganos de a recolección a consecuencia de su adaptación a la vida parásita».

CAPÍTULO ONCE

Hemos visto que las xilócopes son unas abejas fuertes que trabajan su nido en la madera seca. Siempre viven solitarias. Sin embargo, a fines del estío se encuentran algunos individuos de una especie particular (*Xilócopa cyanescens*), frioleramente agrupados en un tronco de gamón, para pasar el invierno en común. Esta fraternidad tardía es excepcional entre las xilócopes; pero, entre sus parientes próximos, las ceratinas, la costumbre es ya invariable. Es la idea que nace. Se detiene en seguida, y hasta ahora, entre las xilocópidas, no ha podido pasar de esa línea oscura del amor.

En otras apiens la idea que se busca adquiere otras formas. Las calicodomas de los tinglados, que son abejas albañiles; las dasípodas y las halictas, que practican madrigueras, se reúnen en colonias numerosas para construir sus nidos. Pero es una muchedumbre ilusoria formada de solitarias, sin ninguna inteligencia ni acción común. Cada insecto, profundamente aislado en la multitud, construye su morada para sí, sin ocuparse del vecino. «Es —dice J. Pérez— un simple concurso de individuos que los mismos gustos y las mismas aptitudes reúnen en el mismo sitio, en que la máxima de cada cual para sí se practica con todo rigor; en fin, una aglomeración de trabajadoras que recuerda el enjambre de una colmena únicamente por el número y el ardor. Tales reuniones son, pues, la simple consecuencia del gran número de individuos que habitan la misma localidad».

Pero en las panurgas, primas de las dasípodas, surge de pronto un rayo de luz e ilumina el nacimiento de un sentimiento nuevo en la aglomeración fortuita. Se reúnen como las precedentes y cada una cava por su cuenta su cámara subterránea; pero en la entrada, el corredor que desde la superficie del suelo conduce a los cubiles separados, es común. «De modo que —dice J. Pérez— por lo que toca al trabajo de las celdillas, cada una obra como si fuese sola; pero éstas utilizan la galería de acceso; todas, en eso, aprovechan del trabajo de una sola y se ahorran así el tiempo y el trabajo de establecer cada una, una galería particular. Sería interesante averiguar si ese trabajo preliminar se ejecuta en común y si varias hembras se relevan para tomar parte en él por turno».

Sea como fuere, la idea fraternal viene de atravesar el mundo que separaba dos mundos. Ya no es el invierno, ya no es el hambre o el horror de la muerte quien la arranca al instinto, loca y desfigurada: es la vida activa la que la sugiere. Pero aquí también se detiene bruscamente, no se extiende más en esa dirección. Sin embargo, no se desalienta, sino que intenta otros caminos, y penetra entre los abejorros, madura y toma cuerpo en una atmósfera diferente y opera los primeros milagros decisivos.

CAPÍTULO DOCE

Los abejorros, esas gruesas abejas velludas, sonoras, espantosas, pero pacíficas y que todos conocemos, son al principio solitarios. A primeros de marzo la hembra fecunda que ha sobrevivido al invierno empieza la construcción de su nido, ya bajo tierra ya en un zarzal, según la especie a que pertenece. Se encuentra sola en el mundo en la primavera que empieza. Desembaraza, ahueca y tapiza el lugar escogido. Construye luego informes celdillas de cera, las provee de miel y de polen, pone y empolla sus huevos, cuida y alimenta las larvas que nacen y no tarda en verse rodeada de una porción de hijitas que la asisten en todos sus trabajos interiores y exteriores y algunas de las cuales empiezan a poner huevos a su vez.

El bienestar aumenta, la construcción de las celdas mejora, la colonia crece. La fundadora sigue siendo el alma de ella y la madre principal, y se encuentra a la cabeza de un reino que es como el bosquejo del de nuestra abeja melífica. Bosquejo bastante grosero, a decir verdad, pues en él la prosperidad es siempre limitada y las leyes mal definidas y mal conservadas; el canibalismo y el infanticidio primitivos reaparecen a intervalos, la arquitectura es informe y dispendiosa; pero lo que diferencia sobre todo a las dos ciudades es que una es permanente y la otra efímera. En efecto, la de los abejorros perecerá enteramente en otoño; sus tres o cuatrocientas habitantes morirán sin dejar huella de su paso; todo ese esfuerzo será dispersado y no sobrevivirá más que una sola hembra, la cual, en la primavera próxima, repetirá, en la misma soledad y en la misma miseria que su madre, el mismo trabajo inútil. Sin embargo, resulta que esta vez la idea ha adquirido conciencia de su fuerza. No la vemos pasar esos límites entre los abejorros, pero al instante, fiel a su costumbre, por una especie de metempsícosis infatigable, va a encarnarse, vibrante aún de su último triunfo, omnipotente y casi perfecta, en otro grupo, el penúltimo de la raza, el que precede inmediatamente a nuestra abeja doméstica, que la corona, es decir, el grupo de las meliponitas, que comprende las meliponas y los trigones tropicales.

CAPÍTULO TRECE

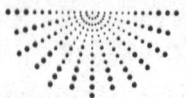

Aquí está todo organizado como nuestras colmenas. Hay una madre, probablemente única[1], obreras estériles y machos. Hasta hay ciertos detalles mejor organizados. Los machos, por ejemplo, no están completamente ociosos, pues segregan cera. La entrada de la ciudad es más cuidadosamente defendida: durante las noches frías, la cierra una puerta; en las noches cálidas, la protege una especie de cortina que deja pasar el aire.

Pero la república es menos fuerte, la vida general menos segura, la prosperidad más limitada que entre nuestras abejas, y, donde éstas son introducidas, las meliponitas tienden a desaparecer ante ellas. La idea fraternal está igual y magníficamente desarrollada en las dos razas, excepto sobre un punto en que, en una de ellas, apenas ha pasado de lo que ya había realizado en la estrecha familia de los abejorros. Este punto es la organización mecánica del trabajo en común, la economía precisa del esfuerzo; en una palabra: la arquitectura de la ciudad que es manifiestamente inferior. Bastará recordar lo que de ello he dicho en el libro III, capítulo XVIII de este volumen, añadiendo que, en las colmenas de nuestras apitas, todas las celdas son indiferentemente propias para la cría de la huevada y para el almacenaje de las provisiones y duran tanto como la ciudad misma, mientras que entre las meliponitas no pueden servir más que para un objeto y las que forman la cuna de las jóvenes ninfas son destruidas después del nacimiento de éstas.

Por consiguiente, es entre nuestras abejas domésticas donde la idea ha tomado su forma más perfecta, y he aquí un cuadro rápido e incompleto de los movimientos de esa idea. Esos movimientos, ¿son para siempre fijos en cada especie y la línea que los une no existe más que en nuestra imaginación? No establezcamos todavía sistema alguno en esa región mal explorada. No procedamos más que a conclusiones provisionales, y, si queremos, inclinémonos más bien hacia las más llenas de esperanza, porque, si fuera absolutamente necesario elegir, algunos resplandores nos indican ya que las más deseadas serán las más seguras. Por lo demás, reconozcamos también que nuestra ignorancia es profunda. Aprendamos a abrir los ojos. Mil experiencias que pudieran hacerse no se han intentado. Por ejemplo, las prosopis, prisioneras y obligadas a cohabitar con sus semejantes, ¿podrían traspasar a la larga el umbral de hierro de la soledad absoluta, complacerse en reunirse como las dasípodas y hacer un esfuerzo fraternal parecido al de los panurgos? Los panurgos, a su vez, en circunstancias impuestas y anormales, ¿pasarían de la galería común a la cámara común? Las madres de los abejorros, si invernaran juntas, criadas y alimentadas en cautividad, ¿llegarían a entenderse y a dividir el trabajo? Y a las meliponitas, ¿se les ha dado panales de cera alveolada? ¿Se les ha ofrecido ánforas artificiales para remplazar sus curiosas ánforas para miel? ¿Las aceptarían? ¿Sacarían partido de ellas? ¿Y cómo adaptarían sus costumbres a esa arquitectura insólita? Preguntas que se dirigen a seres muy pequeños, y, sin embargo, encierran la gran palabra de nuestros más grandes secretos. No podemos contestar a ellas porque nuestra experiencia data de ayer. Contando desde Réaumur, hace siglo y medio que se observan las costumbres de ciertas abejas silvestres. Réaumur no conocía más que algunas; nosotros hemos estudiado algunas otras; pero las hay a centenares, a millares quizá, que hasta hoy no han sido interrogadas más que por viajeros ignorantes o apresurados. Las que conocemos desde los hermosos trabajos del autor de las *Memorias* no han cambiado nada de sus costumbres, y los abejorros que, hacia 1730, se empolvaban de oro, vibraban como el deleitable murmullo del sol y se hartaban de miel en los jardines de Charenton, eran iguales a los que, llegado abril, zumbarán mañana a pocos pasos de allí en el bosque de Vincennes. Pero desde Réaumur hasta nuestros días es un abrir y cerrar de ojos del tiempo que examinamos, y varias vidas de hombre, una a continuación de otra, no forman más que un segundo en la historia de un pensamiento de la Naturaleza.

---

1. No es seguro que el principio de la realeza o de la maternidad única sea rigurosamente respetado entre las meliponitas. Blanchard piensa, con razón, que hallándose desprovistas de aguijón y no pudiendo, por consiguiente, matarse entre sí tan fácilmente como las reinas-abejas, varias hembras viven probablemente en la misma colmena. Pero el hecho no ha podido ser comprobado hasta ahora a causa del gran parecido entre hembras y obreras y de la imposibilidad de criar a las meliponas en nuestro clima.

CAPÍTULO CATORCE

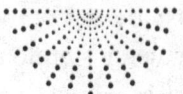

Si la idea que hemos seguido con la vista ha tomado su forma suprema entre nuestras abejas domésticas, no por eso puede decirse que todo sea irreprochable en la colmena. Una obra maestra, la celdilla hexágona, alcanza en ella, desde todos los puntos de vista, la perfección absoluta, y a todos los genios reunidos les sería imposible mejorar nada. Ningún ser vivo, ni siquiera el hombre, ha realizado en el centro de su esfera lo que la abeja en la suya, y, si una inteligencia ajena a nuestro Globo viniese a pedir a la tierra el objeto más perfecto de la lógica de la vida, habría que presentarle el humilde panal de miel.

Pero no todo es igual a esa obra maestra. Ya notamos algunas faltas y algunos errores, a veces evidentes, a veces misteriosos: la superabundancia y la ociosidad ruinosas de los machos, la partenogénesis, los peligros del vuelo nupcial, la enjambrazón excesiva, la falta de piedad, el sacrificio casi monstruoso del individuo a la sociedad. Añadamos a eso una extraña propensión a almacenar enormes masas de polen, las cuales, inutilizadas, no tardan en ponerse rancias y duras y estorbar; el largo interregno estéril que va de la primera enjambrazón a la fecundación de la segunda reina, etcétera, etcétera.

De esas faltas, la más grave, la única que bajo nuestros climas es casi siempre fatal, es la enjambrazón repetida. Pero no olvidemos que en eso la selección natural de la abeja doméstica es, desde hace millares de años, contrariada por el hombre. Del egipcio de en tiempo de los faraones a nuestros campesinos de hoy el apicultor ha obrado siempre contra los deseos y las ventajas de la especie. Las colmenas más prósperas son las que no echan más que un enjambre a principios del estío. Así cumplen su deseo maternal, aseguran la conservación de la cepa, la renovación necesaria de las reinas y el porvenir del enjambre, el cual, siendo numeroso y precoz, tiene tiempo de edificar moradas sólidas y bien provistas antes de la llegada del otoño. Es indudable que, entregadas esas colmenas a sí mismas y siendo sus vástagos los únicos que sobreviven a las inclemencias del invierno que casi regularmente hubiesen aniquilado a las colonias animadas de instintos diferentes, la regla de la enjambrazón restringida se hubiese fijado poco a poco en nuestras razas septentrionales. Pero son precisamente esas colmenas prudentes, opulentas y aclimatadas las que el hombre ha destruido siempre para apoderarse de su tesoro. No dejaba y no deja todavía, en la práctica rutinaria, sobrevivir más que las colonias, troncos agotados, enjambres secundarios o terciarios, que tienen apenas con qué pasar el invierno y a las cuales da algunos desperdicios de miel para completar sus miserables provisiones. De ello ha resultado que la especie probablemente se ha debilitado, que la tendencia a la enjambrazón excesiva se ha desarrollado hereditariamente y que hoy casi todas nuestras abejas, sobre todo las negras, enjambran demasiado.

De algunos años a esta parte los métodos nuevos de la apicultura «movilista» han venido a combatir esa costumbre peligrosa, y al ver con qué rapidez la selección artificial obra sobre la mayor parte de nuestros animales domésticos, sobre los bueyes, los perros, los carneros, los caballos, las palomas, por no citarlos a todos, se puede creer que antes de poco tendremos una raza de abejas que renunciará casi enteramente a la enjambrazón natural y aplicará toda su actividad a la recolección de la miel y del polen.

CAPÍTULO QUINCE

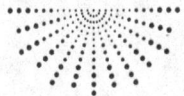

Pero las demás faltas, una inteligencia que adquiriese más claramente conciencia del fin de la vida común, ¿no podría evitarlas? Habría mucho que decir sobre esas faltas, que ora emanan de lo desconocido de la colmena, ora no son más que la consecuencia de la enjambrazón y de sus errores, en que nosotros hemos tomado parte. Pero después de lo visto hasta aquí cada cual puede a su antojo conceder o negar toda inteligencia a las abejas. No quiero defenderlas.

Me parece que en muchas circunstancias dan muestras de entendimiento; pero, aunque hiciesen ciegamente todo lo que hacen, no disminuiría mi curiosidad.

Es interesante ver que un cerebro encuentre en sí recursos extraordinarios para luchar contra el frío, el hambre, la muerte, el tiempo, el espacio, la soledad, todos los enemigos de la materia que se anima; pero que un ser llegue a conservar su pequeña vida complicada y profunda sin exceder el instinto, sin hacer nada que no sea muy ordinario, es muy interesante y muy extraordinario también.

Lo ordinario y lo maravilloso se confunden, se valen y se realzan cuando se les señala su verdadero puesto en el seno de la Naturaleza. Ya no son ellos los que llevan nombres usurpados; antes bien, son lo incomprendido y lo inexplicado los que deben fijar nuestras miradas, alegrar nuestra actividad y dar una fuerza completamente nueva y más justa a nuestros pensamientos, a nuestros sentimientos y a nuestras palabras.

Es prudente no empeñarse en otra cosa.

CAPÍTULO DIECISÉIS

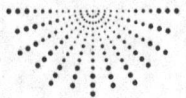

Además, no estamos autorizados para juzgar, en nombre de nuestra inteligencia, las faltas de las abejas. ¿No vemos entre nosotros la conciencia y la inteligencia vivir largo tiempo en medio de los errores y de las faltas sin notarlos y más tiempo aún sin remediarlos? Si existe un ser a quien su destino llama especialmente, casi orgánicamente, a tomar conciencia, a vivir y a organizar la vida común según la razón pura, ese ser es el hombre. Sin embargo, ved lo que hace y comparad las faltas de la colmena con las de nuestra sociedad. Si fuéramos abejas que observasen a los hombres, nuestro asombro sería grande al examinar, por ejemplo, la ilógica e injusta organización de trabajo en una tribu de seres que, por otra parte, nos parecerían dotados de una razón eminente. Veríamos la superficie de la tierra, única fuente de toda la vida común, penosa e insuficientemente cultivada por dos o tres décimas partes de la población total; otra décima parte, absolutamente ociosa, absorbiendo lo mejor de los productos de aquel primer trabajo; las siete últimas partes, condenadas a una semihambre perpetua, extenuándose sin cesar en esfuerzos extraños y estériles de que nunca se aprovechan y que no parecen servir sino para hacer más complicada y más inexplicable la existencia de los ociosos. De ello inferiríamos que la razón y el sentido moral de esos seres pertenecen a un mundo muy diferente del nuestro y que obedecen a principios que no debemos esperar comprender. Pero no prosigamos en esta revista de nuestras faltas. De todas maneras se hallan siempre presentes en nuestro espíritu, lo cual no sirve de gran cosa. Apenas de siglo en siglo una de ellas se levanta, sacude un instante su sueño, da un grito de estupor, estira el brazo dolorido que sostenía su cabeza, cambia de posición, vuelve a echarse y a dormirse, hasta que un nuevo dolor, producido por las profundas fatigas del reposo, la despierta.

CAPÍTULO DIECISIETE

Admitida la evolución de las *Apiens*, o al menos de las Apitas, puesto que es más verosímil que su fijeza, ¿cuál es la dirección constante y general de esa evolución? Parece seguir la misma curva que la nuestra. Tiende visiblemente a aminorar el esfuerzo, la inseguridad y la miseria, y a aumentar el bienestar, las probabilidades favorables y la autoridad de la especie. A este fin, no vacila en sacrificar el individuo, compensando con la fuerza y la felicidad comunes la independencia de la soledad, ilusoria y desgraciada. Diríase que la Naturaleza estima, como Pericles en Tucídides, que los individuos, aun cuando en él sufren, son más felices en el seno de una ciudad cuyo conjunto prospera que si el individuo prospera y el Estado decae. Protege al esclavo laborioso en la ciudad poderosa y abandona a los enemigos, sin forma y sin nombre, que habitan todos los minutos del tiempo, todos los movimientos del Universo, todas las sinuosidades del espacio, al transeúnte sin deberes en la asociación precaria. No es el momento de discutir ese pensamiento de la Naturaleza ni de preguntarse si conviene que el hombre lo siga; pero lo cierto es que, en cualquier parte donde la masa infinita nos permite ver la apariencia de una idea, la apariencia toma ese camino cuyo término no se conoce. Por lo que nos concierne, bastará observar el cuidado con que la Naturaleza procura conservar y fijar en la raza que evoluciona todo lo conquistado sobre la inercia hostil de la materia. Marca un punto a cada esfuerzo feliz y pone a través del retroceso, que sería inevitable después del esfuerzo, no sé qué leyes especiales y benévolas. Ese progreso, que sería difícil negar en las especies más inteligentes, quizá no tiene más fin que su propio movimiento e ignora adonde va. De todas maneras, en un mundo en que nada, a no ser algunos hechos de ese género, indica una voluntad precisa, es bastante significativo ver ciertos seres elevarse así gradual y continuamente, desde el día en que abrimos los ojos, y aun cuando las abejas no nos hubiesen revelado otra cosa que esa misteriosa espiral de resplandores en la noche todopoderosa, sería bastante para no sentir el tiempo consagrado al estudio de sus pequeños gestos, y de sus humildes costumbres, tan distantes y, sin embargo, tan próximos a nuestras grandes pasiones y a nuestros destinos orgullosos.

CAPÍTULO DIECIOCHO

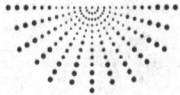

Es posible que todo eso sea vano y que nuestra espiral de resplandores, como la de las abejas, no brille más que para entretener a las tinieblas. También es posible que un incidente enorme, procedente de fuera, de otro mundo o de un fenómeno nuevo, dé, de pronto, un sentido definitivo a ese esfuerzo o lo destruya definitivamente. Pero sigamos nuestra ruta como si nada de anormal debiese suceder. Si supiéramos que mañana una revelación, por ejemplo, una comunicación con un planeta más antiguo y más luminoso, debiese trastornar nuestra Naturaleza, suprimir las pasiones, las leyes y las verdades radicales de nuestro ser, lo mejor sería consagrar todo el día de hoy a interesarnos por esas pasiones, por esas leyes y por esas verdades, a concertarlas en nuestro espíritu a permanecer fieles a nuestro destino, que consiste en dominar y elevar unos cuantos grados, en nosotros mismos y en torno de nosotros, las fuerzas oscuras de la vida. Es posible que nada de esto subsista en la revelación nueva, pero es imposible que los que hayan cumplido hasta el fin la misión que es por excelencia la misión humana, no se encuentren en primer término para acoger esa revelación, y, aun cuando les diese a conocer que el único deber verdadero era la incuria en aprender y la resignación a lo incognoscible, sabrán comprender mejor que los otros esa incuria y esa resignación definitivas y sacar partido de ellas.

CAPÍTULO DIECINUEVE

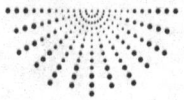

Además, no fantaseemos por ese lado. Que la posibilidad de una aniquilación general no entre en el cálculo de nuestras tareas, como tampoco la asistencia milagrosa de un azar. Hasta aquí, a pesar de las promesas de nuestra imaginación, nos hemos hallado siempre entregados a nosotros mismos y a nuestros recursos. Con nuestros esfuerzos más humildes hemos realizado todo lo útil y duradero que se ha hecho en la tierra. Somos libres de esperar lo mejor o lo peor de algún accidente ajeno, pero con la condición de que esa espera no se mezcle con nuestra tarea humana. En eso también las abejas nos dan una lección excelente, como toda lección de la Naturaleza. Para ellas hubo verdaderamente una intervención prodigiosa. Se hallan entregadas, más manifiestamente que nosotros, en manos de una voluntad que puede aniquilar o modificar su raza y transformar sus destinos; mas no por eso dejan de seguir su deber primitivo y profundo. Y precisamente las que mejor obedecen a ese deber son las que se hallan mejor preparadas para aprovecharse de la intervención sobrenatural que hoy eleva la suerte de su especie. Y es menos difícil de lo que se cree el descubrir el deber invencible de un ser. Puede leerse siempre en el órgano que le distingue y al que se hallan subordinados todos los demás. Y así como está inscrito en la lengua, en la boca y en el estómago de las abejas que deben producir la miel, está inscrito en nuestros ojos, en nuestros oídos, en nuestras médulas, en todos los lóbulos de nuestra cabeza, en todo el sistema nervioso de nuestro cuerpo, que hemos sido creados para transformar lo que absorbemos de las cosas de la tierra en una energía particular y de una calidad única sobre este Globo. Ningún ser, que yo sepa, ha sido dispuesto para producir como nosotros ese fluido extraño que llamamos pensamiento, razón, alma, espíritu, potencia cerebral, virtud, bondad, justicia, saber, pues posee mil nombres, aunque no tiene más que una esencia. Todo en nosotros le fue sacrificado. Nuestros músculos, nuestra salud, la igualdad de nuestros miembros, el equilibrio de nuestras funciones animales, la quietud de nuestra vida, llevan la carga creciente de su preponderancia. Es el estado más precioso y más difícil a que puede elevarse la materia. La llama, el calor, la luz, la vida misma, y el instinto más sutil que la vida y la mayor parte de las fuerzas intangibles que coronaban el mundo antes de nuestra venida, palidecieron al contacto del nuevo efluvio. No sabemos adonde nos conduce, lo que hará de nosotros ni lo que haremos de él. Él nos lo dirá cuando reine en la plenitud de su fuerza. Mientras tanto, no pensemos más que en darle todo lo que nos pida, en sacrificarle todo lo que podría retrasar su desenvolvimiento. Indudablemente éste es, por ahora, el primero y más claro de nuestros deberes. Él nos enseñará los demás por añadidura. Los alimentará y prolongará según sea alimentado él mismo, como el agua de las alturas alimenta y prolonga los arroyos del llano según el alimento misterioso de su cima. Que no nos atormente el deseo de conocer quién sacará partido de la fuerza que así se acumula a nuestras expensas. Las abejas ignoran si se comerán la miel que recogen. Nosotros ignoramos igualmente quién se aprovechará de la potencia espiritual que introducimos en el Universo. Del mismo modo que las abejas van de flor en flor recogiendo más miel de la que necesitan para ellas y sus hijos, busquemos también, de realidad en realidad, todo lo que puede alimentar esa llama incomprensible a fin de hallarnos dispuestos a todo acontecimiento con la seguridad del deber orgánico cumplido. Alimentémosla con nuestros sentimientos, con nuestras pasiones, con todo lo que se ve, se siente, se oye y se toca y con su propia esencia, que es la idea que saca de los descubrimientos, de las experiencias y de las observaciones que trae de todo lo que visita. Llega entonces un momento en que todo se convierte tan naturalmente en bien para un espíritu que se sometió a la buena voluntad del deber realmente humano, que la sospecha misma de que los esfuerzos que hace quizá no tienen objeto, hace aún más claro, más puro, más desinteresado, penetrante y noble el ardor de sus investigaciones.

BIBLIOGRAFÍA

Una bibliografía completa de la abeja rebasaría los límites que nos hemos impuesto. Nos contentaremos con señalar las obras más interesantes:

1. DESARROLLO HISTÓRICO DEL CONOCIMIENTO DE LA ABEJA

a) *Los antiguos*

ARISTÓTELES: *Historia de los animales*, pássim. COLUMELA: *De re rustica*.
PALADIO: *De re rustica*, L. I, XXXVII, etcétera. PLINIO: *Hist. Nat.*, L. XI.
VARRÓN, T.: *De Agricultura*, L. III, XVI. VIRGILIO: *Georg.*, L. IV.

b) *Los modernos*

BONNET, CH.: *Œuvres d'histoire naturelle*, 1779-1783.
HUBER, FRANCOIS: *Nouvelles observations sur les abeilles*, 1794, etcétera. HUNTER, J.: *On bees, philosophical transactions*, 1732.
JANSCHA, A.: *Hinterlassene Vollständige Lehre von der Bienenzucht*, 1773. MARALDI: *Observations sur les abeilles* (Mem. Acad. de Ciencias), 1712.
RÉAMUR: *Mémoires pour servir à l'histoire des insectes*, 1740.
SCHIRACH, A. G.: *Physikalische untersuchung der bisher und bekannten aber nacher entdeckten Erzeugung der Bienenmutter*, 1767. SWAMMERDAM: *Biblia naturae*, 1737.

2. APICULTURA PRÁCTICA

ALLEY, HENRY: *The Bee-keeper's Handy book*. BEAUVOYS, DE: *Guide de l'apiculteur*.
BEERLEPSCH, BARON A. VON: *Die Biene und ihre Zucht*. BERTRAND, ED.: *Conduite du rucher*.
BEVAN, DR. E.: *The honey bee*.
COLLIN, ABATE.: *Guide du propriétaire d'abeilles*.
COOK, A. J.: *Bee-Keeper's guide book*.
COWAN, T. W.: *British bee keeper's guide book*.
CHESHIRE, FRANKS: *Bees and bee-keeping*, vol. II. Practical.
DADANT, CH.: *Petit cours d'apiculture pratique*.
DZIERZON: *Theorie und praxis des neuen Bienen freundes*.
HAMET: *Cours complet d'apiculture*.
JEKER, KRAMER Y THEILER: *Der Schweizerische Rie nen Vater*, etcétera. LANGSTROTH: *The honey bee* (traducido al francés, por Ch. Dadant *L'abeille et la ruche*], que corrige y completa el original).
LAYENS, G DE, Y BONNIER: *Cours complet d'apiculture*.
POLIMANN: *Die Biene und ihre Zucht*.

ROOT, A.: *The ABC of Bee culture.*
SIMMINS, S.: *A modern bee farm.*
VOGEL, F. W.: *Die Honigbiene und die Vermehrung der Biennenvölker.* WEBER: *Manuel practique d'apiculture.*

3. MONOGRAFÍAS GENERALES

BÜCHNER, L.: *Geistes Leben der Thiere.*
BÜTSCHLI, O.: *Zur Entwicklungsgeschichte der Biene.*
COWAN, T. W.: *The Honey bee.*
CHESHIRE, F.: *Diagrams on the anatomy of the Honey bee. Bees and Bee- keeping,* vol. I, Scientific.
GIRARD: *Manuel d'apiculture (Les abeilles, organes et fonctions).* GIRDWOYN: *Anatomie et phisiologie de l'abeille.*
GUNDELACH: *Die Naturgeschichte der Honigbiene.*
HAVILAND, J. D.: *The social insticts of bees, their origin and natural selection.*
KIRBY Y SPENCE: *Introduction to Entomology.*
PÉREZ, J.: *Les abeilles.*
SCHUCKARD: *British bees.*

4. MONOGRAFÍAS PARTICULARES

ASSMUSS: *Die Parasiten der Honigbiene.*
BLANCHARD, E.: *Recherches anatomiques sur le système nerveux des insectes.*
BRAND, ED.: *Recherches anatomiques et morphologiques sur le système nerveux des insectes hyménoptères* (Comptes rendus de l'Académie des Sciences, 1876, t. LXXXIII, p. 613).
BROUGHAM, L. R. D.: *Observations, demostrations and experiences upon the structure of the cells of bee* (Natural theology, 1856).
CAMERON, P.: *On parthenogenesis in the Hymenoptera* (trans. nat. soc. of Glasgow, 1888).
DUJARDIN, F.: *Mémoires sur le système nerveux des insectes.*
DUMAS Y MILNE-EDWARDS: *Sur la production de la cire des abeilles.*
ERICHSON: *De fabrica et usu antennarum in insectis.*
LEYDIG, F.: *Das Auge der Gliederthiere.*
LOWNE, B. T.: *On the simple and compound eyes of insects* (Phil, trans. 1879).
SCHONFELD, (Pastor): *Bienen Zeitung,* 1854-1883. *Illustrierte,* 1885-1890. SIEBOLD, DR. C. T. E. VON: *On a true Parthenogenesis in Moths and Bees.* WATERHOUSE, G. K.: *On the formation of the cells of Bees and Wasps.*

5. OBSERVACIONES DIVERSAS

BLANCHARD, E.: *Métamorphoses, moeurs et instincts des insectes. Histoire naturelle des insectes.*
DARWIN: *Origin of species.*
ESPINAS: *Animal communities.*
FABRE: *Souvenirs entomologiques* (tres series).
GIRARD, M.: *Traité élémentaire d'entomologie,* etcétera.

JESSE: *Gleaning in natural history.*
HOFFER, E.: *Biologische Beobachtungen an Hummeln und Schamarotzerhummeln.*
LEPELETIER SAINT-FARGEAU: *Histoire naturelle des Hyménoptères.* LUBBOCK, SR J.: *Ants bees, and wasps. The senses instincts and intelligence of animals.*
MAYET, V.: *Mémoire sur les moeurs et les métamorphoses d'une nouvelle spéce de la famille des Vésicants* (Ann. Soc. Etom. de France, 1875). MULLER, H.: *Ein Beitrag zur Lebensgeschichte der Dasypoda Hirtipes.* RENDU, V.: *De l'intelligenze des animaux.*
ROMANE: *Mental evolution in animals. Animal intelligence.*
WALKENAER: *Les Halictes.*
WESTWOOK: *Introd. to the study of insects.*

Copyright © 2024 por Alicia Editions

Trad : Pedro de Tornamira, 1913

Portada : Canva.com

Ebook ISBN 9782384554010

Paperback ISBN 9782384554027

Hardcover ISBN 9782384554034

Todos Los Derechos Reservados

www.ingramcontent.com/pod-product-compliance
Lightning Source LLC
LaVergne TN
LVHW032202070526
838202LV00007B/281